사법시험 · 변호사시험 · 법원행시 · 법무사 · 변리사 시험대비

신민법강의 도해노트

채권법편

강 양 원 저

- 사례풀이 능력 제고로 민(사)법 고득점
- 도해를 통한 사례풀이 정리
- 중요 부분의 조문 · 판례 · 이론의 분석
- 중요 쟁점의 부각
- 판서노트와 중요 사항 핵심정리 기능
- 도해를 통한 민법전체 또는 단원의 입체적 이해
- 민법의 목차정리
- 송덕수 교수님 「신민법강의」 와 통합민법 따라잡기

法學社

目 次

제1편 채권법 총론 / 1

제1장 서 론 / 3

제2장 채권의 발생 / 10

제3장 채권의 목적 / 11

제4장 채무불이행과 채권자지체 / 23

제5장 책임재산의 보전 / 48

제6장 다수당사자의 채권관계 / 63

제7장 채권양도와 채무인수 / 83

제8장 채권의 소멸 / 94

제2장 계약각론 / 147

제3장 사무관리 / 193

제4장 부당이득 / 195

제5장 불법행위 / 204

제1편 채권법 총론

신민법강의 도해노트

제1장 서 론

제1절 채권법 일반론

Ⅰ. 채권법의 의의

Ⅱ. 채권법의 기능

Ⅲ. 채권법의 법원

Ⅳ. 민법전 「제3편 채권」의 내용과 이 책 채권법 부분의 기술순서

다른 책	송 저
서론	서론(채권의 효력)
목적	채권의 발생
효력(채무불이행 · 채권자지체)	채권의 목적
다수당사자의 채권관계	채무불이행과 채권자지체
채권양도 · 채무인수	책임재산의 보전 ┌ 채권자 대위권 └ 채권자 취소권
채권의 소멸	다수당사자의 채권관계
채권의 발생	⋮
채각, 계약 ┌ 총칙 └ 각칙	
사 · 부 · 불	

Ⅴ. 채권법의 특질

제2절 채권의 본질

Ⅰ. 채권의 의의·작용

Ⅱ. 채권의 특질

Ⅲ. 채권과 청구권

Ⅳ. 채권과 채권관계

Ⅴ. 채권의 효력

※프랑스민법(vs 독일민법) → 우리민법

1. 서 설

민법: 채권의 효력(§387~§407)

§387 ~ §399: 채무불이행 ┌ 손·배 §390 ~ ┐
　　　　　　　　　　　　　└ 강제이행 §389 │ ㊂ ×
§400 ~ §403: 채권자지체 ┘

§404 ~ §407: 책임재산의 보전 ┌ 채권자대위권
　　　　　　　　　　　　　　　└ 채권자취소권

2. 채권의 효력 일반론

1) 타 교수 : 채권의 효력

대내적 효력

채권자 ——————————— 채무자

〈대내적 효력〉

채권자 → 채무자

- 청구력 · 급부보유력 · 강제력
  - 소구력
  - 집행력
- 채무불이행과 그 구제

채무자 → 채권자

* 채권자지체

대외적 효력

〈대외적 효력〉

*제3자에 의한 채권침해
- 불법행위 - 손 · 배
- 방해제거청구권?

*책임재산 보전의 효력
- 채권자대위권
- 채권자취소권

제3자

2) (송) : **채권의 효력**

- 대내적 효력
  - 청구력 · 급부보유력 · 강제력
  - 채무불이행과 채권자지체(×)★
- 대외적 효력 (제3자에 의한 채권침해)
  - 불법행위 - 손해배상청구권★
  - 방해배제청구권
- 책임재산보전의 효력
  - 채권자대위권★
  - 채권자취소권★

3. 대내적 효력

(1) 청구력과 급부보유력

(2) 실현강제력

∘ 대내적 효력 : 청구력·급부보유력 | 강제력

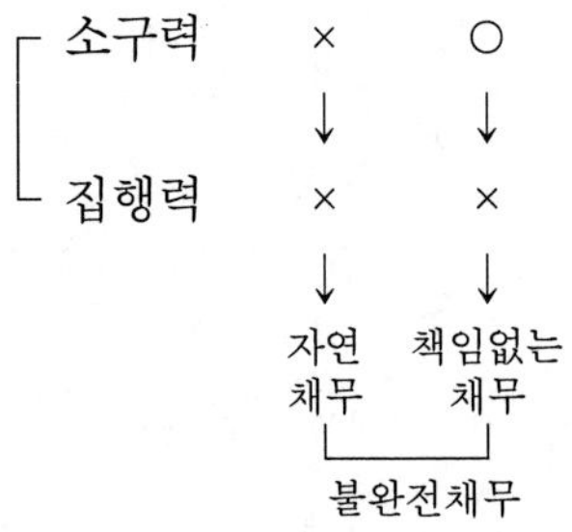

(3) 자연채무

(4) 채무와 책임

1) 책임의 의의

- 채무: 법적당위
- 책임: 강제집행에 복종하는 상태
  攻取力에 복종하는 상태

2) 채무와 책임의 관계

3) 채무와 책임의 분리

① 책임 없는 채무

② 책임이 한정되는 채무

ex)

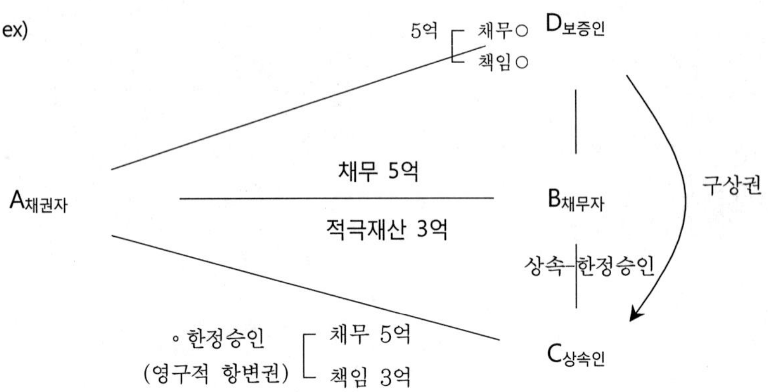

③ 채무 없는 책임

- 물상보증인
- 제3취득자

⇒ 채무× 책임○

4. 대외적 효력(제3자에 의한 채권침해)★(2차)

(1) 서 설

*구제책 ┌ 불법행위 - 손·배
　　　　└ 방해배제청구권?

(2) 제3자의 채권침해에 의한 불법행위의 성립

1) 문제의 제기

2) 불법행위의 성립 여부

判) 대판 2003.3.14. 2000다32437

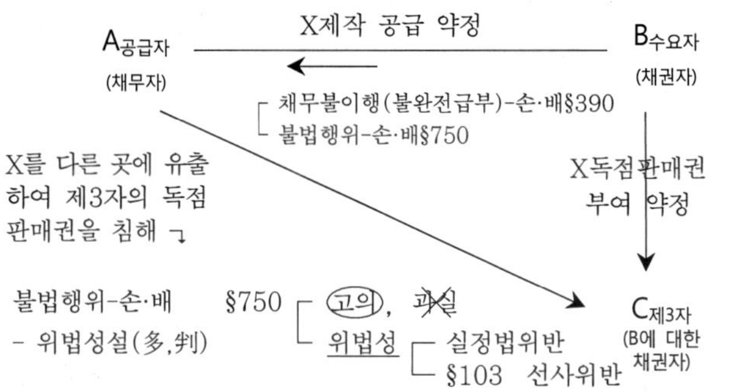

제3자가 채권자를 해한다는 사정을 알면서도 법규에 위반하거나 선량한 풍속 또는 사회질서에 위반하는 등 위법한 행위를 함으로써 채권자의 이익을 침해하였다면 이로써 불법행위가 성립한다

判) 대판 2007.9.6. 2005다25021

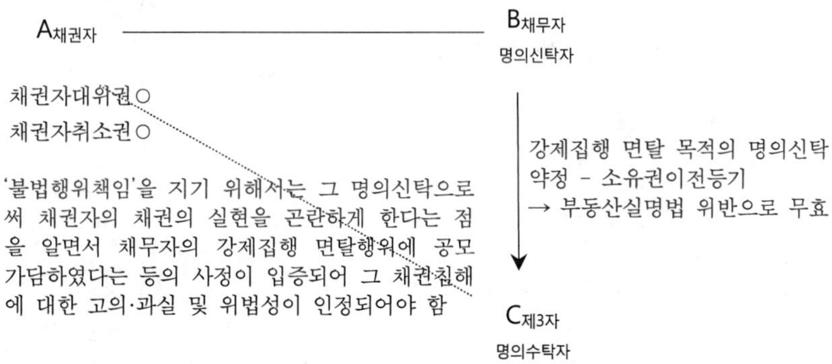

3) 채권침해의 모습

<채권침해의 유형>

<table>
<tr><th colspan="2">분 류</th><th>구체적인 유형</th></tr>
<tr><td colspan="2">채권의 귀속을 침해한 경우</td><td>㉠ 타인의 무기명채권증서를 훼손하거나 이를 횡령하여 선의의 제3자에게 취득케 한 경우
㉡ 채권의 양도를 받은 양수인이 대항요건을 갖추기 전에 다시 이중으로 양도하여 제2의 양수인에게 대항요건을 갖추어 준 경우
㉢ 채권의 불법한 준점유자 또는 영수증소지자로서 유효한 변제를 받은 경우
㉣ 표현대리인으로서 채권을 처분한 경우</td></tr>
<tr><td rowspan="2">급부를 침해한 경우</td><td>급부의 침해에 의하여 채권이 소멸한 경우</td><td>㉠ 특정물의 인도를 목적으로 하는 채권에 있어서 제3자가 목적물을 멸실하게 하는 경우
㉡ 채무자의 행위를 목적으로 하는 채권에 대하여 제3자가 위법한 수단으로 채무자를 감금함으로써 채무이행을 불가능하게 한 경우</td></tr>
<tr><td>급부의 침해에 의하여 채권이 소멸하지 않은 경우</td><td>㉠ 제3자가 채무자와 공모하여 채권의 목적물을 훼손한 경우
㉡ 제3자가 채무자로 하여금 채무의 전부 또는 일부에 대해서 이행을 하지 않도록 한 경우</td></tr>
</table>

4) 불법행위의 성립요건

※ §750 불법행위 : 고의 · 과실, 위법성, 손해의 발생 └인과관계┘ 　책임능력 §753, §754

위법성: 채권에는 배타성이 없기 때문에 채권침해에 위법성이 없다고 인정되는 경우가 많다. 그러나 제3자의 채권취득행위가 부정한 경업을 목적으로 행하여지거나 제3자가 사기·강박과 같은 부정한 수단을 써서 채무를 이행하게 한 경우에는 위법하다.

ex) 부동산의 이중매매

A매도인 ―― L토지 매매 ―― B매수인

L토지 제2매매 - 등기 (A → C제2매수인)

유효 : B → A
- 이행불능 - 전, 해, 대
- 불·행?-계약금·중도금/잔금

B → C
- 불·행 - 손·배 ×
- 채권자취소권? ×

무효 : A의 배임행위 C가 적극가담. §103위반

B → A
- 이행불능? 송×(이행지체○), 지×
- 불·행 - 손·배

B → C
- 불·행 - 손·배
- 채권자취소권? ×

(A의 불·행, C의 불·행: §760 공동불법행위)

◦ B의 등기취득방법: 判. B는 A의 등기말소 청구권 대위행사
등기: C → A, A → B 이전등기○

5) 불법행위 성립의 효과

손해배상청구권 - 금전배상

(3) 제3자의 채권침해에 있어서 방해배제청구의 가부

ex) 방해배제청구권 §214 방해제거·예방청구권○
§213 반환청구권× ㊕

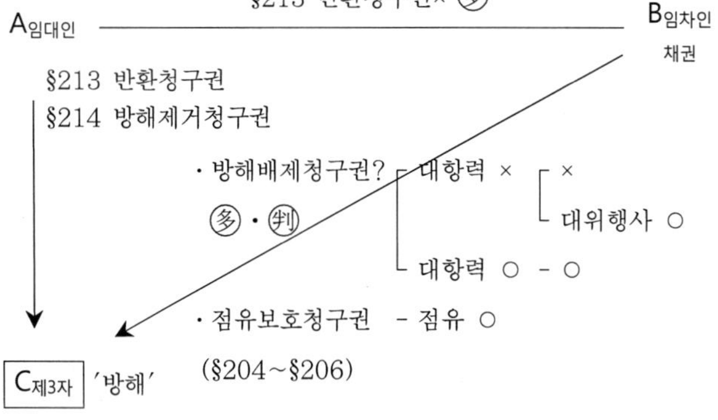

1) 방해배제청구권의 인정 여부

2) 방해배제청구의 내용

5. 책임재산 보전의 효력

- 채권자대위권
- 채권자취소권

제2장 채권의 발생

Ⅰ. 채권의 발생원인 개관

- 법률행위○
  - 단독행위 - 유언
  - 계약
    - 전형계약 - 약정채권
    - 비전형계약
- 법률행위× (법률규정)
  - 사무관리 --------- 법정채권
  - 부당이득
  - 불법행위

Ⅱ. 법률행위에 의한 채권의 발생

1. 단독행위에 의한 발생

2. 계약에 의한 발생

Ⅲ. 법률의 규정에 의한 채권의 발생

사무관리 · 부당이득 · 불법행위

제3장 채권의 목적

Ⅰ. 일반론

1. 채권의 목적의 의의

ex)

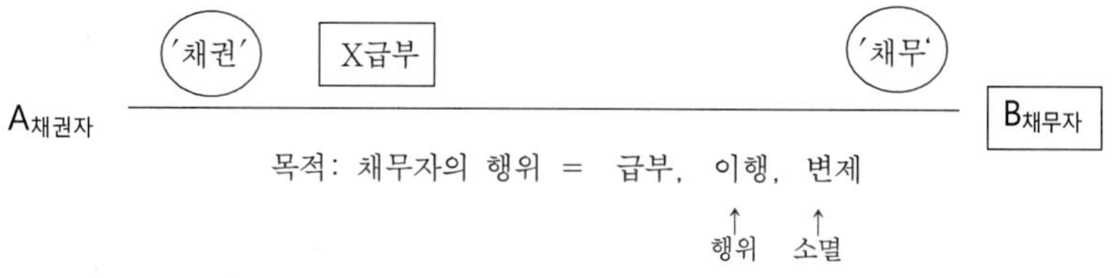

2. 채권의 목적의 요건

┌ 채권의 목적
└ 법률행위의 목적 : 확정, 가능, 적법, 사회적 타당성

→ 채권의 목적 : 확정 · 가능 · 적법 · 사회적 타당성 + §373(금전적 가치 ○ · ×)
┌ 약정채권 ○
└ 법정채권 ?

(1) 확정성
(2) 실현가능성
(3) 적법성
(4) 사회적 타당성
(5) 재산적(금전적) 가치

3. 채무자의 의무

(1) 서 설

〈채무〉

㊈교수
- 제1차적 급부의무・제2차적 급부의무
- 급부의무・기타의 행위의무(직역 : 급부의무 이외의 행위의무)

㊎교수 ㊔
- 급부의무
  - 주된 급무의무
  - 종된 급무의무
- 부수적 주의의무 ┐ 기타의 행위의무㊈
- 보호의무 ┘

※보호의무 – 채무 (채권자의 생명・재산침해×)
- ○ :
  - 불법행위 – 손・배
  - 채무불이행
    - 불완전이행] 청구권 경합○, ㊉・㊔ (불법행위 – 손・배와 함께)
    - 기타의 행위의무 위반 ㊈
- × : 불법행위 – 손・배(§750)

(2) 제1차적 급부의무 · 제2차적 급부의무

(3) 본래의 급부의무 · 기타의 행위의무

채무자의 의무㊈
- 본래의 급부의무
  - 주된 급부의무
  - 부수적 급부의무
- 기타의 행위의무

4. 채권의 목적의 분류

분류
- 강학상 분류
- 민법
  - 특정물채권・종류채권
  - 금전채권・이자채권
  - 선택채권

  ※임의채권

(1) 작위급부・부작위급부
(2) 주는 급부・하는 급부
(3) 특정물급부・불특정물급부
(4) 가분급부・불가분급부
(5) 일시적 급부・계속적 급부・회귀적 급부
(6) 대체적 급부・부대체적 급부

5. 채권의 목적에 관한 민법규정

Ⅱ. 특정물 채권★

1. 의 의

2. 선관주의로 보존할 의무(§374)

※ 특정물채권에서 선관주의의무

임대차계약의 종료에 의한 X임차물 반환의무

A임대인 ———————— B임차인

인도할 때까지 선관주의의무 위반 ······➤ 손해배상의무(§390)

○

*과실의 입증책임 - 채무자(임차인)

(1) 선관주의의무

	기 준	위 반	적용범위
선관주의의무	평균인(일반인)	추상적 과실 (입증책임: 채무자)	원칙(유상계약), 주의: §681
자기재산과 동일한주의	채무자(행위자)	구체적 과실	무상계약 §695(무상수치인) §922(친권자) §1022 · §1044(상속인)

(2) 보존의무

(3) 선관주의로 보존할 의무의 존속기간★(2차 유의)

물건을 인도하기까지(§374)

계약 이행기 ←——→ 인도할 때

┌ 이행지체× §392
└ 수령지체× §401 채무자의 과실○ → 손·배×
채권자지체

(4) 선관주의로 보존할 의무를 위반한 경우의 효과

· 목적물의 멸실 ┌ 채무자의 과실○ - 손 · 배○
└ 채무자의 과실× ┌ 급부위험 - 채권자부담
└ 대가위험 ┌ §537 채무자위험부담주의
└ §538 채권자위험부담주의

1) **효과 일반**

2) **위험부담 문제**

3. 목적물의 인도의무

(1) 현상인도의무

특정물의 현상인도(§462) - 이행기의 현상대로
↳이행할 때

㊟ 멸실 VS 훼손

(2) 천연과실의 귀속문제

※ 과실수취권의 문제
(§101·§102, §587)

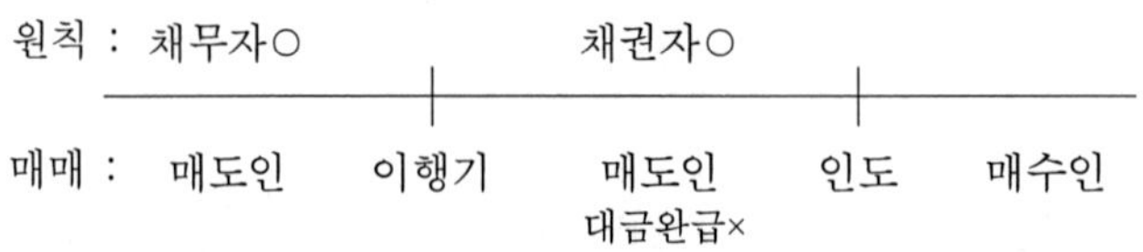

ex)

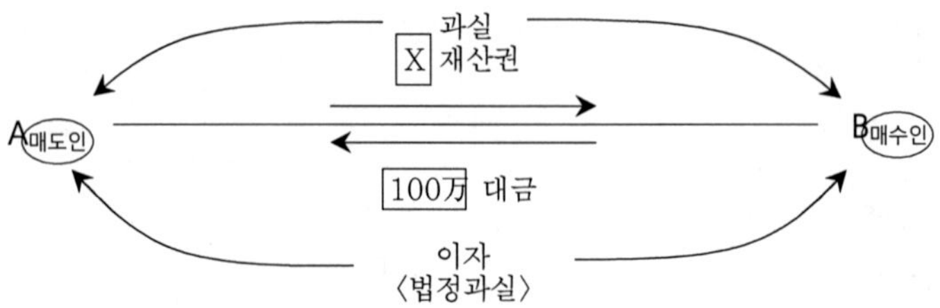

(3) 인도장소(§467)

┌ 당사자의 합의 또는 채무의 성질
└ 채권 성립당시 그 물건이 있던 장소

Ⅲ. 종류채권★★(2차)

1. 서 설

(1) 의 의

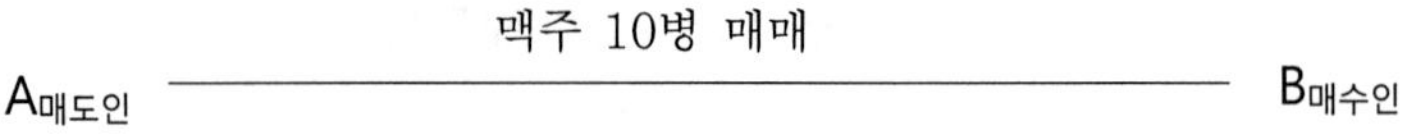

(2) **재고채권**(한정종류채권)

㉮재고채권(한정종류채권)

창고에 있는 쌀 100가마 中 10가마 매매

A농부 매도인 ———————————————— B매수인

70万

2. 특정이 있기 전의 위험부담(종류채무의 조달채무성)

(1) 보통의 종류채권의 경우

- 종류채무의 조달채무성
- 급부위험 - 채무자부담

(2) 재고채권의 경우

3. 목적물의 품질(§375①)

(1) 품질의 결정

- 성질, 계약
- 중등품질

(2) 품질이 다른 경우

고품질의 물건으로 급부할 수 있는가?(사례문제)

4. 종류채권의 특정(§375②)

(1) 특정의 의의

(2) 특정의 방법

1) 합의에 의한 특정

특정은 합의만으로 생기지 않으며 사실상 목적물을 '분리'하여야 함

2) 약정된 방법에 의한 특정(특히 채무자에게 지정권이 부여된 경우)

3) 채무자가 이행에 필요한 행위를 완료하는 경우

- 채무의 내용에 따라서 채무자가 이행을 위하여 행위를 하는 것
- 변제의 제공과 대체로 일치하나 양자가 동일한 것은 아님

	변제장소	〈通〉 변제제공	〈송〉
지참채무	채권자의 현주소	현실제공 "배달" 수령거절 - '분리' + 구두제공	+제3지
추심채무	채무자의 주소	'분리' + 구두제공	+제3지
송부채무	제3지	의무: 지참채무와 같다 호의: 발송시	제3지, 채권자의 현주소, 호의: 발송당시

4) 목적물의 멸실에 의한 특정

5) 재고채권(제한종류채권)의 특정방법

(3) 특정의 효과

1) 급부의 위험의 이전

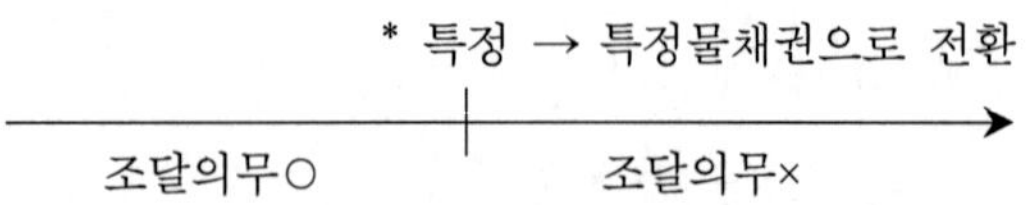

· 급부위험 : 채권자에게 이전
· 대가위험 : §537, §538

2) 대가의 위험 문제

목적물의 멸실
- 과실○ - 손·배 §390(이행불능)○
- 과실×
  - 급부위험 - 채권자부담
  - 대가위험
    - §537 채무자위험부담주의 원칙
    - §538 채권자위험부담

3) 채무자에 대한 특정의 구속성 문제(변경권 문제)

급부변경권 ○

Ⅳ. 금전채권

1. 의 의

ex)

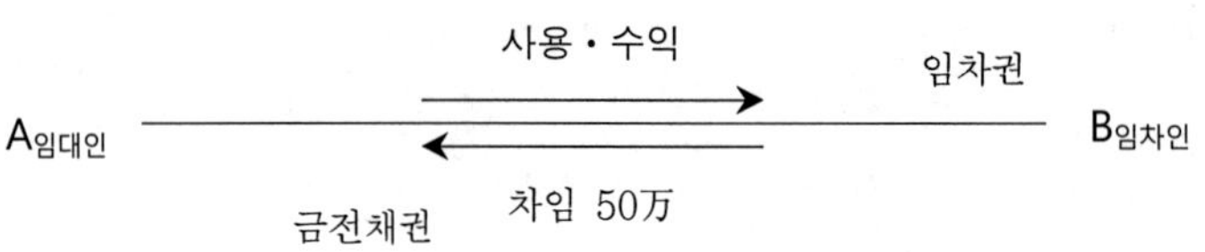

ex)

재산권이전 →

A매도인 ———————————— B매수인

← 금전채권 (대금) 지급

ex)

교통사고

A피해자 ———————————— B가해자

← 금전채권 손·배

2. 금전채권의 종류와 각 종류별 채무이행

(1) 금액채권

(2) 금종채권

(3) 특정금전채권

(4) 외국금전채권(외화채권)★(2차)

A채무자 축구협회 ——— 달러 → ——— B채권자 히딩크

달러(대신) → 원화

◦ 환산시기
- 대용급부권 - 이행할 때
- 대용급부청구권
  - 이행할 때
  - 사실심변론 종결시
  - 경매 - 배당기일 당시

3. 금전채무불이행의 특칙(§ 397)★★(2차-채무불이행과 연결)

채무불이행
- 이행불능×
- 이행지체○ - 손·배, 특칙 §397

§397의 특칙

§390 이행지체(이행기의 도래), 손해의 발생·액○, 고의·과실○ → 손·배○
(§397 특칙) ↳주장○입증× ↳무과실책임○, 불가항력?

§393 (상당인과 관계설.㊋)
- 통상손해○
- 특별손해
  - ×
  - ○ 예견가능성

⇒ 이자율 (§397 특칙)
- 법정 이자율(연5푼)
  → 소제기 이후, 연2할(소촉법)
- 약정 이자율(§397① 단서)

약정이율이 법정이율보다 낮은 경우에는 법정이율에 의하여 지연손해금을 정함(제397조 1항 단서는 약정이율이 법정이율 이상인 경우에만 적용)(대판 2009.12.24. 2009다85342)

(1) 손해의 증명 문제

(2) 무과실 항변의 문제

(3) 손해배상액

(4) 외화채권의 경우

4. 기타의 특수문제

(1) 사정변경의 원칙에 의한 금전채권의 증액 · 감액 평가

(2) 지급유예 조치

Ⅴ. 이자채권

1. 서 설

2. 이 자

(1) 의 의

원본 이자 : 법정과실(사용대가)
100万 × 월 × 2부 ⟶ 2万

원본 × 사용기간 × 이자율 ⟶ 이자

◦금전 기타 대체물
→ 유동자본
vs
고정자본
토지, 기계

◦금전 기타 대체물
vs
이자× →
ex) 지료, 사용료 ×
지연이자 ×

(2) 발생원인

(3) 이율★(2차)

◦이율 ┌ 법정이자율 : 연5푼 (상사 연 6푼)
　　　│ ⟶(소제기) 연 2할(소·촉·법)
　　　└ 약정이자율

1) 법정이율

2) 약정이율

※ 대여금반환청구

1) 소송물
①소비대차계약에 기한 대여금반환청구권
②이자
③지연손해금
-단순병합으로 소송물 3개

A원고 ———————————— B피고

2) 청구취지
*이자지급의 약정이 있는 경우 청구취지는, "피고는 원고에게 금 1,000,000원(①대여금 원금 부분) 및 이에 대하여 2010. 2. 10.부터 이 사건 소장부본의 송달일까지는 연 5%의, 그 다음 날부터 완제일까지는 연 20%의 각 비율에 의한 금원(③지연손해금 부분)을 지급하라"와 같다.
*이율 월 2%의 이자지급의 약정이 있는 경우 청구취지는, "피고는 원고에게 금 1,000,000원 및 이에 대하여 2011. 2. 10.부터 다 갚는 날까지 약정이율인 연 24%의 비율에 의한 이자 및 지연손해금을 지급하라"와 같다. 여기서 변제기까지는 이자(이자가 생기는 기간은 원본의 교부일부터 변제기까지이다.)이고, 변제기 다음날부터는 지연손해금 부분이다.

공격방법

3) 청구원인
①대여금반환청구
②부대청구 - 이자청구
③부대청구 - 지연손해금청구

→

4) 피고의 항변
*변제의 항변
*소멸시효의 항변
*상계의 항변
*변제공탁, 면제, 불공정한 법률행위 등

방어방법

3. 이자채권

(1) 의의 및 발생

(2) 이자채권의 분류문제

원본채권

이자채권 ┌ 기본적 이자채권 　 종속성 강함
통설 └ 지분적 이자채권 　 독립성 강함(§163①)

※ §163① vs §183

(3) 이자채권의 성질

1) 부종성

2) 독립성

4. 이자의 제한

(1) 서 설

※ 대판 전원 2007.2.15. 2004다50426

연 243%(15일 10%)

A소비대주 ← 이자지급 B소비차주

┌ §103, §104 무효
└ = §746 불법원인 급여 §746

↳ 부당이득반환청구 ┌ × (본문)
└ ○ (단서) 대주에게만 불법성○, 불법성비교론

◦ 이자율의 제한

┌ 이자제한법 : 연 30%
└ 대부업법 : 연 39%

(2) 이자제한법에 의한 제한

(3) 대부업법에 의한 제한

5. 복 리

(1) 의 의

(2) 약정복리

(3) 법정복리

이자채무의 이행지체 - 그 연체이자에 다시 지연이자를 지급○ ㊕

Ⅵ. 선택채권★(2차)

1. 의 의

X토지 · 아반떼 승용차 · 금전 1,000만원 중 하나의 급부를 목적으로 하는 경우○

2. 종류채권과의 구별

3. 선택채권의 특정

- 선택에 의한 특정
  - 선택권자 — 선택권행사 → 상대방(§382/§383) — 효과
  - 채무자(§380) ——→ 채권자
    - 소급효○(§386)
    - 일반채권화(특정물채권×)
  - 제3자 ——→ 채무자 · 채권자
  - 철회×
  - 선택권의 이전 §381/§384
- 급부불능에 의한 특정
  - 원시적불능 - 잔존하는 급부에 존재(§385①)
  - 후발적불능
    - 잔존하는 급부에 존재(§385①)
      - 선택권자의 귀책사유 ○
      - 쌍방 귀책사유
        - ○
        - ×
    - 선택권행사 영향× (불능으로 된 급부)
      - 선택권 없는 자의 귀책사유○(§385②)
      - 채무자귀책사유○: 이행불능 - 손·배
      - 채무자귀책사유×: 위험

(1) 선택에 의한 특정

1) 선택권

2) 선택권자

- 법률행위 또는 법률규정(§135 · §203② · §310① · §626②)
- 채무자(§380)

3) 선택권의 이전

■ 당사자 일방이 선택권을 가지는 경우(제381조)

		선택권행사의 기간이 있는 경우(제1항)	선택권행사의 기간이 없는 경우(제2항)
요 건	개별요건	그 기간 내에 선택권을 행사하지 아니하는 때	채권의 기한이 도래한 후
	공통요건	상대방은 상당한 기간을 정하여 그 선택을 최고할 수 있고 선택권자가 그 기간 내에 선택하지 아니하면	
효 과		선택권은 상대방에게 이전한다.	

■ 제3자가 선택권을 가지는 경우(제384조)

선택할 제3자가 선택할 수 없는 경우(제1항)	선택권은 채무자에게 이전한다.
제3자가 선택하지 아니하는 경우(제2항)	채권자나 채무자는 상당한 기간을 정하여 그 선택을 최고할 수 있고 제3자가 그 기간 내에 선택하지 아니하면 선택권은 채무자에게 이전한다.

4) 선택권의 행사

5) 선택의 효과

┌ 단순채권으로 변함
└ 소급효(§386)

(2) 급부불능에 의한 특정★(2차)

<선택채권에서 급부불능에 의한 특정>

<table>
<tr><th colspan="2">불 능</th><th colspan="2">효 과</th></tr>
<tr><td colspan="2">원시적 불능</td><td colspan="2">잔존하는 급부에 채권이 존재(제385조1항)</td></tr>
<tr><td rowspan="3">후발적 불 능</td><td>선택권자의 과실 또는 당사자 쌍방의 과실 없는 경우, 당사자의 공동과실</td><td colspan="2">잔존하는 급부에 채권이 존재(제385조1항)</td></tr>
<tr><td rowspan="2">선택권 없는 자의 과실</td><td rowspan="2">잔존하는 급부로 특정되지 않음,
선택채권의 존속에 영향×,
선택권자는 잔존급부 대신
불능급부도 선택可(제385조 2항)</td><td>잔존급부 선택- 잔존급부로 특정</td></tr>
<tr><td>불능급부 선택-
㉠ 채권자가 선택권자이면 채무자의 과실로 불능으로 된 급부 선택, 이행불능에 의한 전보배상청구도 可
㉡ 채무자가 선택권자이면 채권자의 과실로 불능으로 된 급부 선택, 자기에 귀책사유 없는 불능을 이유로 채무소멸 주장 可</td></tr>
</table>

1) 원시적 불능의 경우

2) 후발적 불능의 경우

Ⅶ. 임의채권

법률행위 또는 법률의 규정(§378 · §443후단 · §602후단 · §764)

ex) 외화 → 원화

제4장 채무불이행과 채권자지체

제1절 채무불이행

제1관 서 설

Ⅰ. 채무불이행의 의의

Ⅱ. 채무불이행의 모습(유형)★(2차 이론적 바탕)

(1) 문제의 제기

〈채 · 불의 조문〉

- §387~§399
  - §387, §388 이행지체
  - §389 강제이행
  - §390~§399 손 · 배
- §543~ 계약해제권
  - §544 · §545 이행지체
  - §546 이행불능
    - §548 원상회복청구권
    - §551 손 · 배

(2) 제390조의 일반조항성

(3) 채무불이행의 유형(합리론 vs 경험론)

- 이행지체 : §387, §388 / §389, §390 ~ §544, §545
- 이행불능 : §390~, §546~
- 불완전이행 ㉣
  - 불완전급부 - 조문× → §390가 근거조문?○
    - ㉤ §544 ~ §546유추?
  - 기타의 행위의무 위반○
- 이행거절
  - 독자적 유형?
    - ㉥ ○
    - ㉤ × → 이행지체의 한 유형
  - 이행지체
    - (§544) ① 이행지체○ ② 상 최고 ③ 이행×
    - (§390) 손·배○

〈제390조의 채무〉

㉤
- 급부의무
  - 이행지체 ┐ 이행×
  - 이행불능 ┘ ×
  - 불완전급부 ○
- 기타의 행위의무 위반

다른 교수
- 급부의무
- 부수적 주의의무
- 보호의무 (부수적 의무에 포함? ㉦ ○)

㉦ 채무로 인정○ ↔ × : 불·행

보호의무 위반 → 불완전이행

Ⅲ. 채무불이행의 요건과 효과 개관★(2차 이론적 바탕)

〈공통요건〉
- 주관적 요건: ㉧책사유(채무자의 고의·과실)
- 객관적 요건: ㉨법성(조각사유)

〈공통효과〉
- ㉩해배상청구권 ※ 강제이행
- 계약㉪제권

1. 채무불이행의 요건

(1) 공통적인 요건

- 주관적 요건으로서 채무자의 책임 있는 사유 즉 ㉧책사유
  → 채무자의 법정대리인 또는 이행보조자의 고의·과실이 채무자의 고의·과실로 간주
- 객관적 요건으로서 채무불이행의 ㉨법성
  → 동시이행의 항변권·유치권·기한유예·긴급피난 등의 위법성조각사유(소극적인 요건)

(2) 개별적인 요건

- 이행지체가 성립하려면 이행기 도래, 이행가능, 이행이 없을 것
- 이행불능이 되려면 후발적 불능
- 불완전급부로 되려면 이행행위가 있었을 것, 이행에 하자가 있을 것
- 기타의 행위의무 위반이 되려면 그 의무위반이 있을 것

2. 채무불이행의 효과

이행강제권과 손해배상청구권, 계약의 해제권 · 해지권

제2관 채무불이행의 유형별 검토★★★(2차)

Ⅰ. 이행지체

1. 의의 및 요건

요건

공통요건
- 이행기의 ⓓ래
- 이행의 ⓖ능
- 채무자의 ⓖ책사유
  - §390 채무자
  - §391 이행보조자
- ⓦ법성(조각사유)
  - 동시이행의 항변권, 최고 · 검색의 항변권, 유치권 → 유무

(1) 이행기가 도래하였을 것

§387

*기한 정○
- 확정기한
  - 도래 다음날 --부터--> 지체책임
  - 예외: 지시채권과 무기명채권, 채권자의 협력, 동시이행
- 불확정기한
  - 기한의 도래 안 다음날 --부터--> 지체책임
  - 이행청구를 받은 다음 날부터

*기한 정×
- 원칙: 이행청구 받은 다음날
- 예외: ㉠ 소비대차에 있어서 반환시기의 약정이 없는 때, ㉡ 불법행위로 인한 손 · 배 채무

§388 기한의 이익 상실 사유
- 법정사유
  - 담보의 손상·감소·멸실(§388)
  - 담보제공×(§388)
  - 파산(채무자회생법 §425)
- 상실특약
  - 정지조건부
  - 형성권적 判 추정

[이행기와 소멸시효의 기산점]

	이행지체	소멸시효 기산점
확정기한부 채무	① 원칙: 기한이 도래한 다음날 ② 예외 - 지시·무기명채권: 증권제시 & 이행청구시 - 채권자 협력(추심) 필요한 채무: 협력하여 이행최고시 - 쌍무계약상 채무이행(동시이행): 상대방의 이행제공	기한이 도래한 때
불확정기한부 채무	기한의 도래 안 다음날 or 최고 받은 다음날부터	기한이 객관적으로 도래한 때
기한이 없는 채무	① 원칙: 이행청구(최고) 받은 다음날부터(예: 금전채무의 지연손해금채무, 부당이득) ② 예외 - 반환시기의 약정이 없는 소비대차: 최고로부터 상당기간 경과시(§603②) - 불법행위: 불법행위시(판·통)	① 채권 성립시 ② 예외. - 청구 또는 해지통고를 한 후 일정기간이나 상당한 기간이 경과한 후에 청구할 수 있는 채권(§603②·§635) - 청구나 해지통고를 할 수 있는 때로부터 소정의 유예기간이 경과한 때 - 불법행위는 특칙(§766) 있으며, 채무불이행은 채무불이행이 발생한 때로부터 진행(판례)
기한의 이익 상실 채무	① 채무자는 기한의 이익을 주장하지 못한다(제388조). 채권자의 청구가 있음에도, 채무의 이행이 없으면 이행지체가 된다. 파산선고시에 변제기에 이른다. ② 기한의 이익 상실사유 ㉠ 법정사유: 제388조, 채무자회생법 ㉡ 약정사유(기한이익 상실의 특약) - 정지조건부 기한이익상실의 특약: 사유발생시에 전부 지체 - 형성권적 기한이익상실의 특약: 전부 이행청구시 전부 지체	기한이익상실의 특약이 있는 경우: - 정지조건부 기한이익상실의 특약: 사유발생시에 전부 소멸시효 진행(판례) - 형성권적 기한이익상실의 특약: 각 변제기의 도래시마다 순차로 소멸시효가 진행하고, 채권자가 전액의 변제를 구하는 취지의 의사를 표시한 한 경우에 전액에 대하여 그 때부터 소멸시효가 진행한다(판례).
이행거절	바로 채무불이행	

(2) 이행이 가능할 것

(3) 이행이 없을 것

(4) 이행하지 않는데 대하여 채무자에게 책임 있는 사유(귀책사유)가 있을 것

1) 서 설

2) 채무자의 고의 · 과실

- 원칙적으로 선량한 관리자의 주의의무
- 예외적으로 무상임치(§695) 등에서는 자기 재산과 동일한 주의의무

3) 법정대리인 · 이행보조자의 고의 · 과실

<이행보조자의 고의・과실 요건>

§391: 채무자의 법정대리인이나 이행보조자의 고의・과실을 채무자의 고의・과실로 의제

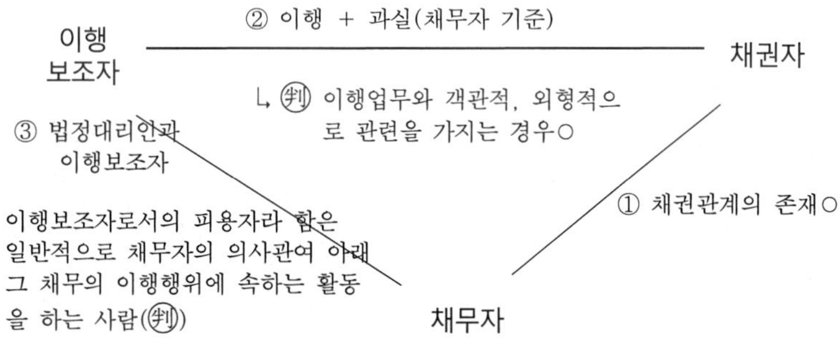

※이행대행자 책임 → 통설에 따라 정리

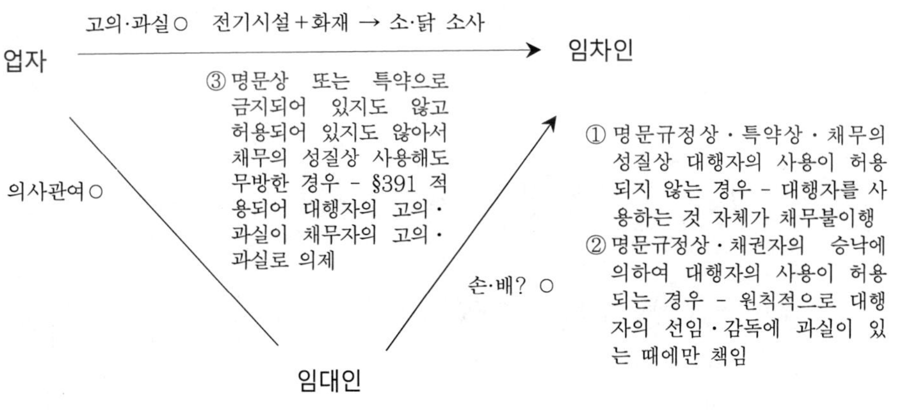

※전차인 문제: 전차인이 이행보조자인가, 이행대행자인가, 이용보조자인가?

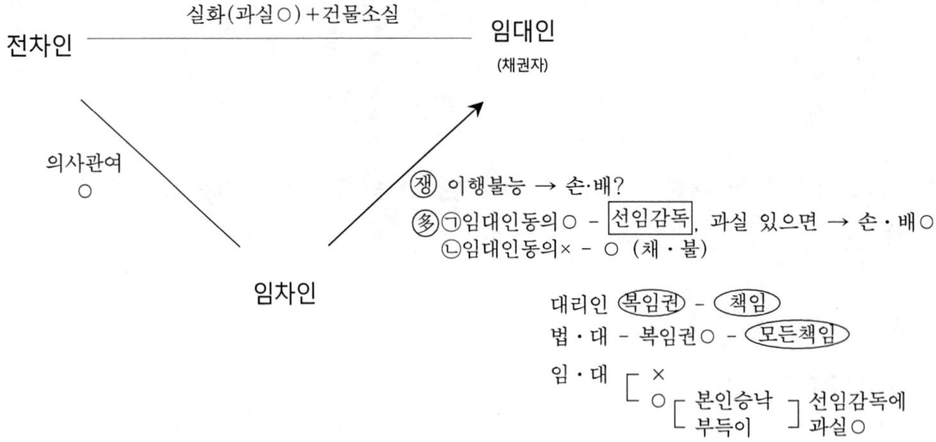

<이행보조자의 고의·과실 효과>

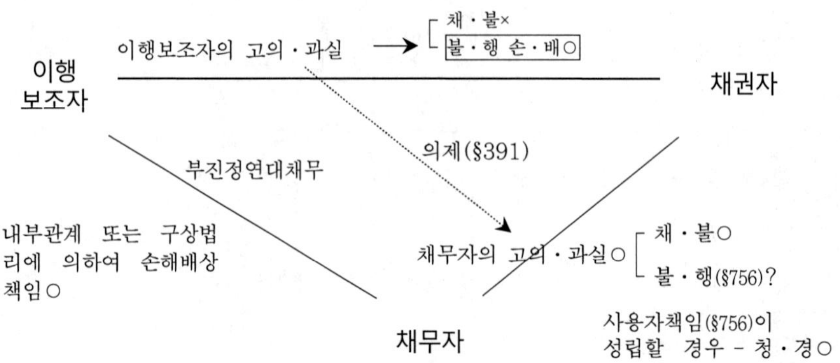

※ 사용자책임

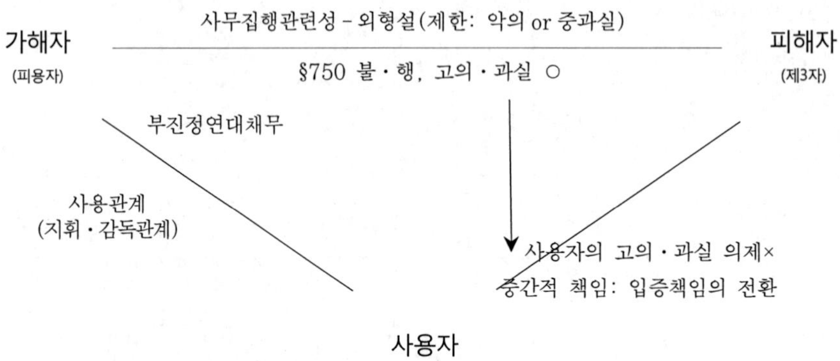

<이행보조자책임과 사용자책임의 비교>

	이행보조자책임(제391조)	사용자책임(제756조)
성 질	채무불이행책임	불법행위책임
	타인의 과실에 대한 책임	자기(선임, 감독)의 과실에 대한 책임
	독립된 청구권의 기초가 되는 것이 아니고 채무자의 귀책사유를 확정하는 역할을 함(귀책규범)	독립된 청구권의 기초가 됨
요 건	일정한 채권관계를 전제로 함	일정한 채권관계를 전제하지 않음
	채무자와 보조자간 종속관계 불요(의사관여: 판례)	사용자와 피용자간 종속관계 필요(지휘·감독관계: 통설·판례)
효 과	㉠ 채무자는 채·불 책임을 부담 ㉡ 이행보조자는 채권자에게 채무불이행책임을 부담하지 않으나, 불법행위책임을 질 수 있음. 다만 내부관계에서 채무자에게 채·불 책임을 질 수 있음 ㉢ 채무자와 이행보조자는 부진정연대채무	㉠ 사용자는 사용자책임을 부담 ㉡ 피용자도 제750조에 의하여 책임을 부담 ㉢ 사용자와 피용자는 부진정연대채무 부담
	채무자의 책임에 대해 소멸시효에 관한 일반규정이 적용된다(제162조 이하).	3년 또는 10년의 단기소멸시효 적용(제766조; 판례)
면책 가능성	채무자의 면책가능성 부정	사용자의 면책가능성 긍정. 다만 판례는 사용자의 면책을 사실상 인정하고 있지 않음
양자의 경합	채무자는 제391조에 의한 책임과 제756조에 의한 책임이 경합될 수도 있다. 반면에 이행보조자는 채권자에 대해 제750조에 의한 책임만을 부담한다.	

4) 책임능력

5) 면책특약의 효력

┌ 면책특약은 유효
└ 채무자의 고의에 대한 면책특약은 무효

6) 입증책임

채무자에게 입증책임(判)

(5) 이행하지 않는 것이 위법할 것

2. 이행지체의 효과

손·배 ┌ 지연배상(§390): 이행+지연배상
├ 전보배상(§395): 이행 → 손·배
└ 책임가중(§392)

강제이행(§389)

계약해제권(§544, §545)

(1) 손해배상청구권의 발생

1) 지연배상

지연배상과 본래 채무의 이행 모두를 제공하여야 이행의 제공 ○(제460조)

2) 전보배상

3) 책임가중

(2) 계약해제권의 발생

(3) 강제이행의 문제

3. 이행지체의 종료

(1) 채권의 소멸

(2) 채권자의 지체면제

(3) 이행의 제공

(4) 지체후의 이행불능

Ⅱ. 이행불능

요건 ┌ 후발적 불능
├ 귀책사유
└ 위법성

효과 ┌ 손·배 - 전보배상(§390)
├ 계약해제(§546)
└ 대상청구권(근거조문×)
㉳ 인정여부

※민법개정위 ┌ 대상청구권 근거조문
├ 취득시효 - 소유권취득
└ 공신의 원칙 인정

1. 의의 및 요건

(1) 채권의 성립 후에 이행이 불가능하게(불능으로) 되었을 것(후발적 불능)

불능

계약

원시적 불능: 무효

A가 확인하지 않았다면 A 책임
§535 체약상 과실→신뢰이익의 배상
(이행이익 한도)

· 원시적 일부불능

§137 일부무효 ┌ 전부불능 : 무효
└ 일부불능 : 유효
(§574 · §580 담보책임)

후발적 불능: 유효

by 채무자의 귀책사유 유무

○

채·불- 이행불능
효과 : 전, 해, 대
· 일부불능: §137

┌ 전부불능
└ 일부불능 ┌ 가능: 이행청구○
└ 불가능: 전보배상청구○

×

┌ 급부위험: 채권자부담
└ 대가위험(위험부담)

┌ §537 채무자위험부담주의
└ §538 채권자위험부담주의

1) 사회통념상의 불능

┌ 이행불능은 사회통념에 비추어 볼 때 채무자의 이행을 기대할 수 없는 것
→ 현재는 가능하지 않더라도 장차 가능할 수 있으면 불능이 아니다.(확정적 불능)
└ ※ §570의 이전불능은 사회통념상 매수인에게 해제권을 행사하게 하는 것이 마땅하다고 할 정도의 이행장애가 있으면 족함

2) 후발적 불능

3) 일부불능의 경우

제137조의 일부무효의 법리

4) 불능의 기준시기

X부동산 매매

A 매도인 ———————— B 제1매수인

제2매매 ⇒ '유효'
등기○

제2매수인 C

↓

전득자 D

◦ B - A : 채 · 불 → 이행불능 : ㉠전, ㉠해, ㉠대
불 · 행 - 손 · 배? 계약금 · 중도금 지급: ×
잔금지급: ○(채 · 불과 경합)

◦ B - C : 제3자에 의한 채권침해×
채권자취소권×

◦ A - C : 매매계약이 유효이므로 특별한 문제가 없다.

(2) 채무자에게 책임 있는 사유로 불능으로 되었을 것

이행불능이 채무자에게 귀책사유 없이 발생한 경우
- 채무자는 채무를 면하게 되며
- 쌍무계약에서는 상대방의 채무는 위험부담의 문제(제537조·제538조)

(3) 이행불능이 위법할 것

2. 이행불능의 효과

(1) 손해배상청구권의 발생

일부불능
- 전부불능 - 채무 전부의 이행에 갈음한 손해배상을 청구하거나 계약 전부를 해제○
- 일부불능 - 가능한 부분의 이행을 청구 + 불가능한 부분의 전보배상을 청구○

(2) 계약해제권의 발생

최고는 요구되지 않으며, 상대방이 자기 채무의 이행의 제공을 할 필요도 없다.

(3) 대상청구권★★(2차 - 논문 수십편)

1) 의의 및 인정근거

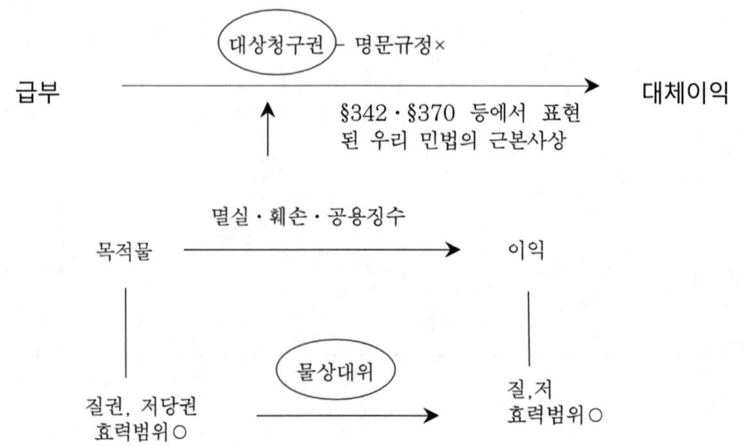

2) 요 건

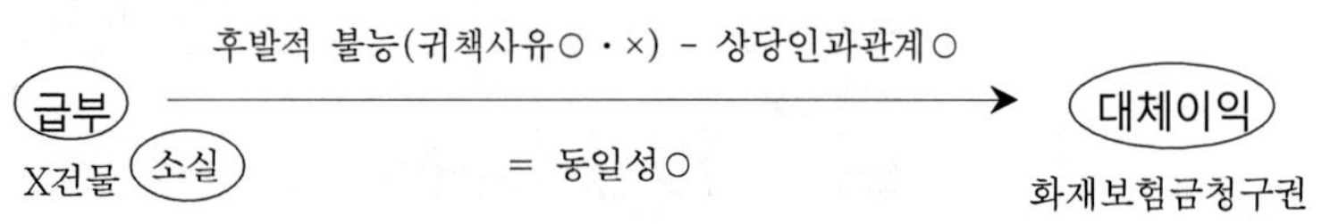

요건
- 급부가 후발적 불능 - 채무자의 책임 여부는 묻지 않음
- 대체이익의 취득 - 손해배상, 수용보상금, 보험금, 매매대금, 그 청구권
- 급부를 불능하게 하는 사정과 대신하는 이익 사이의 상당인과관계
- 급부가 불능하게 된 객체와 대체이익 사이에 동일성이 존재

3) 효 과

※ 대상청구권의 효과

A매도인 ——— X토지 매매 ——— B매수인

X토지 수용
-수용보상금

C국가

- 채권적 청구권○
  → 대체이익이 채권자에게 직접 이전×(but 채권자가 직접 받았더라도 부당이득×)
- 취득한 것 모두를 채권자에게 인도 - 초과가치도 인도○
- 손해배상청구권과 대상청구권을 선택적으로 행사○
  → 대상청구권을 행사하면, 손해배상액이 수령한 이익의 가치만큼 감소

(4) 이른바 청구권 경합의 문제

이행불능으로 인한 손해배상청구권과 불법행위로 인한 손해배상청구권의 경합(㊣通·㊣判)

Ⅲ. 불완전급부

1. 의의 및 법적 근거

- 계약책임
  - 채무불이행 (通·判)
    - 이행지체
    - 이행불능
    - ※불완전이행
      - 불완전급부
      - 기타의 행위의무 위반
      ] ㊜
  - 담보책임
- 불법행위책임(제조물책임)

ex)

A 사료공급업자 ——— 사료공급계약 ——— B 말주인

독성있는 사료 + (말죽음)

by
- 이행지체
- 이행불능
- 담보책임

→ 말죽음 → 해결 - [계약책임 (불완전이행) / 불·행책임] (경합)

해결×

判 담보책임, 불완전이행 경합○

2. 불완전급부의 요건

* 요건 ┌ 이행
  ├ 하자
  ├ ㉠책사유
  └ ㉡법성

* 효과 ┌ 손·배·청(§390)
  ├ 해제권(§544 ~ §546유추㊞)
  └ 추완청구권? ㊉ ○ ㊘ ×

(1) 이행행위가 있었을 것

(2) 이행에 하자가 있었을 것

1) 주는 채무의 경우

매수한 채소종자 중 30퍼센트만 발아된 경우, 감자종자가 잎말림병에 감염된 것인 경우, 수입한 면제품 셔츠가 세탁하면 심하게 줄어드는 등의 하자가 있는 경우, 공기정화기에 하자가 있는 경우

목적물에 하자가 있는 경우(경합) ┌ 하자담보책임○
  └ 불완전급부(if 귀책사유○) → ○

2) 하는 채무의 경우

(3) 확대손해의 발생이 필요한지 여부

요건이 아니다.

(4) 채무자의 유책사유

(5) 불완전급부가 위법할 것

3. 불완전급부의 효과

Ⅳ. 기타의 행위의무 위반

1. 의 의

㊘ ┌ 불완전급부 ┌ 이행 + 하자 ┐ 효과
  │ └ 귀책 + 위법성 ┘ 동일
  └ 기타의 행위의무 違反 ┌ 설명의무
  ├ 안전배려의무
  └ 보호의무
  ㉠
  ㉡

2. 요 건

(1) 기타의 행위의무 위반이 있을 것

1) 설명의무

2) 안전배려의무

3) 보호의무

(2) 채무자의 유책사유

(3) 기타의 행위의무 위반이 위법할 것

3. 효 과

제3관 손해배상★★

Ⅰ. 서 설

┌ 채・불 - 손・배(규정있음) §390~§399
└ 불・행 - 손・배 준용(§763) - (§393, §394, §396, §399) ※암기법 : 방범과대

┌ §390~§392
├ §393 : 손해배상의 범위
├ §394 : 손해배상의 방법
├ §395 : 전보배상(이행지체시)
├ §396 : 과실상계
├ §397 : 금전채권의 특칙
├ §398 : 손해배상액의 예정
└ §399 : 손해배상자의 대위

Ⅱ. 손해배상의 의의

1. 손 해

(1) 손해의 의의

1) 손해 개념

차액설

2) 규범적 손해

(2) 손해의 종류

채·불 → 손해 → 배상

손해의 종류
- 재산적 손해 ㉥ 손해3분설
  - 적극적 손해 - 통상손해 - 배상○
  - 소극적 손해 - 특별손해
    - 배상×
    - 배상○ (예견가능성○)
- 비재산적 손해 (위자료)
- 이행이익의 손해(유효일 때)
- 신뢰이익의 손해(무효일 때)

㉢
- 비재산적 손해 → 채·불에서 인정?○
- 불·행 – 손·배 §750 vs §751·§752 (예시적 규정)
- 채·불 – 손·배 §390 vs ×

1) 재산적 손해·비재산적 손해
2) 적극적 손해·소극적 손해
3) 이행이익·신뢰이익
4) 직접적 손해·간접적 손해

2. 손해의 배상

Ⅲ. 손해배상청구권

1. 발생요건

§390 손·배 요건: 채무불이행 (고의·과실) + 손해의 발생 / 손해액 → 배상범위

§393
- 통상손해
- 특별손해

※ 채무불이행으로 인한 손해배상청구

A원고 — B피고

1) 소송물

*채무불이행으로 인한 손해배상청구권

2) 청구취지

*피고는 원고에게 금 1,000,000원 및 이에 대하여 2010. 3. 20.부터 이 사건 소장부본의 송달일까지는 연 5%의, 그 다음날부터 갚는 날까지는 연 20%의 각 비율로 계산한 돈을 지급하라.

공격방법

3) 청구원인

①피해자와 가해자 사이에 계약관계가 성립한 것
②가해자가 피해자에게 구체적 의무를 부담하고 있는 것
③가해자가 그 의무를 위반한 것
④피해자에게 손해의 발생
⑤의무위반과 손해발생 사이에 인과관계
⑥구체적 손해액

→ 4) 피고의 대응

①부인, 부지, 자백, 침묵
②피고의 주요 항변 및 요건사실
*채무자의 귀책사유 없음
*소멸시효의 항변

방어방법

2. 손해배상청구권자

(1) 직접적 피해자와 간접적 피해자

ex)

숙박업자 — 숙박계약 - 호텔 화재로 사망 — 투숙객

(숙박업자 — 투숙객)
- 채·불 - 손·배○
- 불·행 - 손·배○

투숙객 → 근친자: 상속○

(숙박업자 — 근친자)
- 채·불 - 손·배×
- 불·행 - 손·배(위자료§752)○

근친자 (처·자녀 등)

(2) 제3자 손해의 청산

3. 손해배상청구권의 성질

※

채무	—— 채·불 ——→ ㊂ 동일성○	손·배
담보	——→	담보
소멸시효기간 (1·3·5·10년)	——→	소멸시효기간 (1·3·5·10년)

*소멸시효기산점: 채무불이행시 ㊫㊮

Ⅳ. 손해배상의 방법

(1) 입법주의

금전배상주의와 원상회복주의

(2) 우리 민법의 경우: 금전배상의 원칙

※ ┌ §394: 금전배상 원칙
  └ §764: 명예훼손특칙(명예회복에 적당한 처분)

Ⅴ. 손해배상의 범위★(2차 논란)

§390 손·배○

§393 ┌ 통상손해○ 상당인과관계설 중 객관설 ┐
  └ 특별손해 ┌ × 상당인과관계설 중 주관설 ┘ ㊂ 절충설
      └ ○

㊫, ㊯ 상당인과관계설만 이해 → OK

㊮ ┌ 직접손해 —근거→ §390
  └ 후속손해 ┌ 통상손해○ §393①
      └ 특별손해×§393②

1. 서 설

2. 손해배상책임의 성립과 배상범위의 구별

3. 손해배상범위의 결정기준

(1) 학 설

- 상당인과관계설 중 절충설 ㊎
- 위험성관련설
- 규범목적설

(2) 판 례

(3) 검토 및 사견

4. 제393조의 해석(손해배상의 범위)

<통상손해와 특별손해>

	통상손해	특별손해
입증책임	채권자는 채무불이행사실과 통상의 손해액만을 입증하면 된다.	채권자는 채무불이행사실과 특별한 사정 및 채무자의 예견가능성을 입증해야 한다.
손해배상	전부 청구 可	원칙: 청구 不可, 예외: 이행기까지 특별사정에 대한 예견가능성이 있으면 可, 특별한 사정하에서 통상손해를 배상청구可
구체적 사례	* 이행불능 당시의 시가상당액 * 이행불능으로 동종의 물건을 다시 구입하는데 지출된 여분의 비용, 물건을 다시 매입할 때까지 동종의 물건을 임차함으로써 지출된 차임 * 불법행위로 영업용 물건이 멸실 또는 파손된 경우 휴업손해 * 임대차목적물인 건물이 훼손된 경우 그 수리가 불가능하다면 건물의 교환가치, 수리가 가능하다면 그 수리비(건물의 교환가치내로 제한) * 임대인의 귀책사유에 의하여 이행불능이 된 경우 다른 목적물을 마련하기 위하여 합리적으로 필요한 기간 동안 그 목적물을 이용하여 영업을 계속하였더라면 얻을 수 있었던 이익, 즉 휴업손해(임대차기간 만료시까지 그 목적물을 사용·수익할 수 없음으로 인한 일실수입 손해×) * 임차인이 임차목적물의 반환채무를 이행하지 않고 있는 경우 차임에 상당하는 손해 * 건물건축공사에 관한 도급계약에 있어서 수급인이 건축을 지체하여 완성·인도하지 못한 경우 임료 상당의 손해 * 부당한 소제기, 응소시의 변호사 비용 * 건물의 손괴로 인하여 수선에 소요되는 상당한 기간 사용하지 못함으로 인한 손해 * 이자부소비대차에서 반환의무 불이행시 이자 * 담보권 실행비용	* 이행불능 이후의 등귀가격 * 돈을 특수한 용도에 사용하여 이자 상당액을 넘는 특별한 이득 * 물건의 매수인이 자기가 산 가격보다 비싼 가격으로 전매하는 계약을 체결하였는데 목적물에 흠이 있어서 판매할 수 없게 된 경우에 얻지 못한 전매이익 * 매도인이 매수인으로부터 매매대금을 받지 못하여 그가 제3자로부터 매수한 부동산의 대금을 지급하지 못함으로써 계약금을 몰수당한 경우의 그 금액 * 커피원두 매매계약을 맺고 이행을 위하여 제3자로부터 매수하였는데, 매수인의 불이행(계약파기)으로 제3자에게 손해배상을 한 경우의 손해배상액 * 토지의 매수인이 그 토지상에 건물을 신축하기 위하여 설계비 또는 공사계약금을 지출하였다가 계약이 해제됨으로 말미암아 이를 회수하지 못하는 손해 * 매수인이 잔금지급을 지체하는 사이에 매매대상 토지의 개별 공시지가가 급등하여 매도인의 양도소득세 부담이 늘게 된 경우의 손해 * 임대차계약에서 임대인의 채무불이행으로 임차인이 목적물을 사용하여 취득할 수 있었을 영업이익 상당의 손해 * 담보물제공자가 피담보채무의 변제를 위하여 다른 곳에서 고리의 사채를 얻어 이를 대납한 결과 부담하게 된 이자채무 상당의 손해 * 재산권이 침해된 경우에 재산적 손해의 배상에 의하여도 회복할 수 없는 정신적 손해 * 간접손해 * 토지에 대한 부당한 가압류의 집행으로 그 지상에 건물을 신축하는 내용의 공사도급계약이 해제됨으로 인한 손해 * 불법행위로 인한 건물훼손시 철거비용 * 가정의례준칙에 어긋나는 제례비용

	* 부당한 처분금지시 처분대금의 법정이자 * 토석의 굴취로 인해 토지가 훼손된 경우→ 토석이 토지와 별개 독립의 권리: 그 가액, 그 밖의 경우: 원상회복비용, 원상회복불가시: 교환가치 감소분	* 금융기관이 어음할인을 하고 취득한 어음을 지급기일에 적법하게 지급제시를 하지 아니하여 소구권을 보전하지 아니한 경우, 지급기일 후에 어음발행인의 자력이 악화되어 무자력이 되는 바람에 어음환매자가 발행인에 대한 어음채권과 원인채권의 어느 것도 받을 수 없게 됨으로 인하여 손해를 입게 된 것

(1) 직접적 손해

(2) 통상손해

(3) 특별손해

5. 손해배상액의 산정기준

(1) 배상액의 산정의 가격

(2) 배상액 산정의 시기★(2차)

학설 - 판결시설, 손해배상책임발생시설

판례 ┌ 이행불능 - 이행불능 당시, 이행불능 후 가격 등귀한 경우 특별손해
├ 이행지체 ┌ 최고하였던 '상당한 기간'이 경과한 당시의 시가(주류의 판례)
│ └ 사실심 변론종결시의 시가에 따라 산정
└ 이행거절 - 이행거절 당시의 급부목적물의 시가를 표준으로

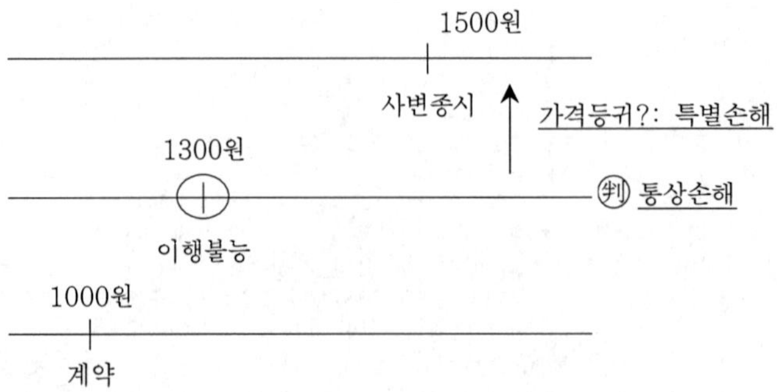

(3) 배상액 산정의 장소

Ⅵ. 손해배상의 범위에 관한 특수문제

1. 손익상계

(1) 의 의

※손익상계(이득공제) - 직권조사사항

채무 —채·불 → 상당인과관계설(判)→ ┌ 손해 - 배상 └ 이익 - 공제: 손익상계

채·불 인해 생긴 이익공제
┌ 운반비, 숙박비 - 공제○
└ 가해자가 지급한 조위금 - 공제×

(2) 공제되는 이익

2. 과실상계★★(2차)

(1) 의 의

※ 과실상계 - 손해배상 ┌ 계약 ┌ 채불 §396○ └ 담보책임- 判 준용×, 참작○ └ 불·행 §763○

A채권자 ······ B채무자

요건 ┌ 채·불(불·행)에 의한 손해배상청구권(채무불이행·손해발생·인과관계·배상범위)
└ 채무불이행(불법행위), 손해의 발생 또는 확대에 관하여 채권자(피해자)에게 과실

유추 ┌ 피해자의 특이체질
└ 손해경감조치

과실 ┌ 이질설 - 判 공동생활상 요구되는 약한 부주의
└ 동질설 ↳ 책임능력(判 12세↑) 필요×, 사리변식지능○

적용× ┌ 이행청구
├ 수령지체
├ 피해자의 부주의를 이용
└ 손해배상액의 예정 判

범위 ┌ 수령보조자의 과실도 포함
└ 피해자측(ex, 어린 미성년자의 부모) 과실이론

효과 ┌ 사실심의 전권사항
├ 필요적 참작
└ 직권조사사항

(2) 요 건

(3) 효 과

〈일부청구의 경우 과실상계〉

손해 1000만 과실상계 30% 판결
1000만 청구 1000만 × 30% =700만
700만 청구 1000만 × 30% =700만 (외측설)判
700만 × 30% =490만 (내측설)
if)600만 청구 1000만 × 30% =600만 (민소법상 처분권주의)

〈과실상계와 손익상계의 순서〉

㉮ 과실상계 → 손익상계
선 후
30% 200万

ex) 1000万 × 30% = 700万 - 200万 = 500万

Ⓧ 1000万 - 200万 = 800万 × 30% = 560 万

→ 채권자에 유리

(4) 적용범위

(유추)적용되는 경우	적용되지 않는 경우
㉠ 신체에 대한 가해행위로 인한 손해의 확대에 피해자 자신의 심인적 요인 내지 체질적인 소인이 기여한 때 ㉡ 채무불이행이 발생할 가능성이 높다는 사실을 예견하고서도 대비책을 마련하지 않은 상태에서 비용을 지출한 경우 ㉢ 불법행위의 피해자가 손해경감조치의무를 불이행하여 손해가 확대된 경우: 불법행위로 인한 피해자가 일반적으로 용인될 수 있는 수술을 받으면 노동능력 상실 정도를 감소시킬 수 있는데도 수술을 받지 않은 경우, 법적 조치를 취했으면 손해의 확대를 막을 수 있었음에도 그러한 조치를 취하지 않은 경우	㉠ 채무내용에 따른 본래의 급부의 이행을 구하는 경우-정기예탁금 반환청구(99다48801), 표현대리가 성립한 경우의 본인에 대한 이행청구(95다49554), 손해담보계약에서의 담보의무자의 책임(2000다72572), 연대보증인에 대한 보증채무의 이행청구(84다카1324) ㉡ 수령지체의 경우(92다42743) ㉢ 하자담보책임(99다12888) - 준용×, 하자발생 및 확대에 가공한 도급인의 잘못을 참작 ㉣ 피해자의 부주의를 이용하여 고의로 불법행위를 저지른 자가 바로 그 피해자의 부주의를 이유로 자신의 책임을 감하여 달라고 주장하는 것(2006다16758) ㉤ 손해배상액을 예정한 경우(99다57126)

3. 중간이자의 공제

20년

40세 ———————— 60세

연봉 5000万 × 20 = 10억 5000万 × 이자(20년)
-중간이자공제 5000万 × 이자(19년)
손·배액

민법규정×
判例 → 호프만식(단리 계산식) / 라이프니츠식 中 택1○
※ 국가배상법 - 호프만식

4. 손해배상액의 예정★★(2차)

(1) 손해배상액 예정의 의의

ex)

<손해배상액의 예정>

채무 ——┼—— 채무불이행 ——┼——→ 손해배상

종된계약 손・배예정계약 정지조건부계약 화해 - 손・배 합의

법률규정(근기법 §20, 선원법 §31)
사회질서(§103)
약관규제법

(2) 배상액 예정의 효과

1) 일반적 효과

<배상액예정의 효과>

채무 ——┼—— 채무불이행 + 손해의 발생・액 ——→ 예정배상액 청구○

손·배예정계약

채무불이행: 증명○ / 손해의 발생・액: 증명×

채무자의 귀책사유?
판례는 채무자가 자신에게
귀책사유가 없음을 주장・입증 ○

통상・특별손해○
증액・감액청구×
부당히 과다-법원의 직권감액○
과실상계(㊫○, ㊕×)
손익상계(㊫ ○)

§390 쟁점
- 채무자의 귀책사유? ㊫ 증명×, ㊕ 채무자의 증명○
- 손해의 발생? 불필요설(㊫・㊕)

§393 쟁점
- 통상손해○ / 특별손해○ → 예정배상액청구○, 증액×, 감액 ×

2) 예정액의 감액

손해배상의 예정액이 부당히 과다한 경우 - 법원의 직권감액(§398② vs §765)

* 과실상계
  - 학설: ○
  - 판례: ×
* 손익상계 - 학설: ○

3) 이행의 청구・계약의 해제와의 관계

손해배상액의 예정은 이행의 청구나 계약의 해제에 영향×(§398③)

(3) 위약금

위약금
- 위약벌 : 위약벌 몰수 + 손・배청구 별도○
- 손・배 예정 : 손·배 → 예정액으로, 손·배 따로×

위약금 계약
- 위약벌 / 손·배 예정 → 해석으로 결정
- 불분명 → §398④ 손・배예정으로 추정

(입증책임: 위약벌 주장자)

(4) 계약금

- 증약금, 매매대금 일부로 충당
- 해약금(§565) - 약정해제권 유보된 것
- 특약○ → 위약금 (위약금으로 하는)
  - 위약벌
  - 손·배예정

Ⅶ. 손해배상자의 대위

1. 의 의

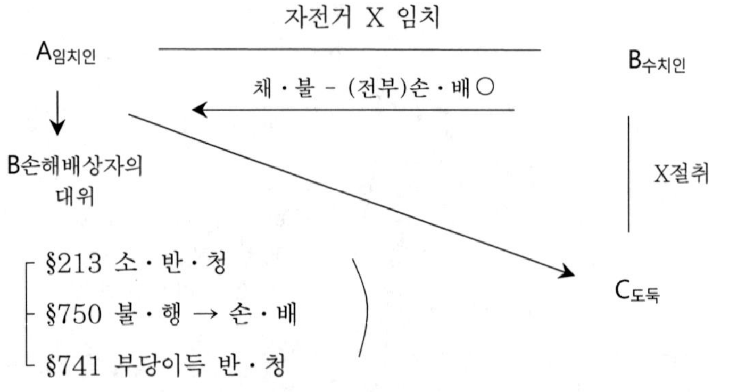

2. 요 건

채권에 관하여 전보배상의 '전부'를 받았어야 한다.

3. 효 과

채권의 목적인 물건 또는 권리가 법률상 당연히 채권자로부터 배상자에게 이전된다(이른바 물권적 대위).

※ 보험자대위(청구권대위)

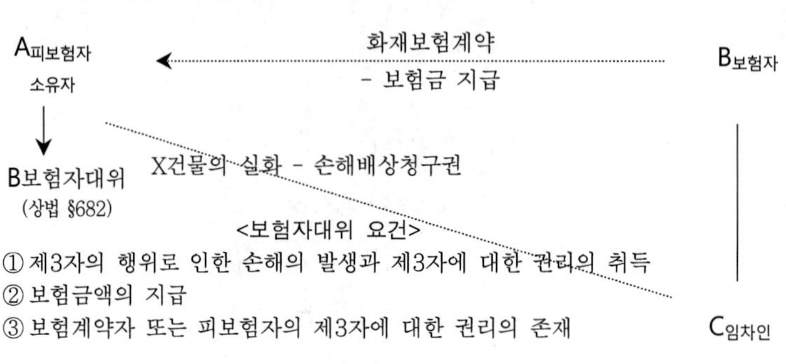

<보험자대위 요건>

① 제3자의 행위로 인한 손해의 발생과 제3자에 대한 권리의 취득

② 보험금액의 지급

③ 보험계약자 또는 피보험자의 제3자에 대한 권리의 존재

제4관 강제이행

Ⅰ. 서 설

강제이행 + 손 · 배(귀책사유) 가능○

- 작위급부
  - 주는 채무
  - 하는 채무
    - 대체적 작위채무
    - 부대체적 작위채무
- 부작위급부
  - 간접강제
  - 결과제거 → 대체집행+적당한 처분

검토순서 방법

- 직접강제
- 대체집행
- 간접강제 / 예외○

<강제이행의 방법>

<table>
<tr><th colspan="3">채무의 종류</th><th>사례</th><th>강제이행의 방법</th></tr>
<tr><td rowspan="4">작위
채무</td><td colspan="2">주는 채무</td><td>주택명도 · 금전채무 · 연금증서반환채무 등</td><td>직접강제</td></tr>
<tr><td rowspan="3">하는
채무</td><td>대체적
작위채무</td><td>건물철거·물건운송 등</td><td>대체집행</td></tr>
<tr><td>부대체적
작위채무</td><td>유아인도채무(다수설), 법인 재산목록작성의무, 증권에서의 서명의무 등. 다만 채무자의 의사만으로 할 수 없는 채무(제3자의 동의 요하거나 비용이 과다한 경우) · 현대의 문화관념이나 인격존중의 이념에 반하는 경우(부부간 동거의무, 고용채무의 강제)·자유의사를 억압하면 채무를 실현할 수 없는 채무(예술가의 작품제작의무)에서는 채권자는 손해배상 기타의 구제방법에 의존할 수밖에 없다.</td><td>간접강제. 간접강제란 채무자에게 벌금을 과하거나 구금 기타의 수단으로 채무자에게 심리적 압박을 가하여 채권의 내용을 실현하려는 것으로서 최후수단적 성격을 지니는바, 직접강제 내지 대체집행이 가능하다면 간접강제는 허용되지 않는다(민집법 제261조).</td></tr>
<tr><td>의사표시를
해야 할 채무</td><td>법인등기를 신청할 채무, 채권양도의 통지, 주총소집의 통지 등</td><td>대용(의사표시에 갈음한) 판결</td></tr>
<tr><td colspan="3">부작위채무</td><td></td><td>부작위 자체의 관철을 위해서는 간접강제, 다만 의무위반에 따른 결과의 제거는 대체집행</td></tr>
</table>

Ⅱ. 직접강제

Ⅲ. 대체집행

Ⅳ. 간접강제

Ⅴ. 기 타

제2절 채권자지체★(2차)

Ⅰ. 의 의

채무의 이행에 채권자의 협력이 필요한 채무(§400~)

Ⅱ. 채권자지체의 법적 성질★

법적 성질 수령의무?		〈요건〉	〈효과〉
	채무불이행책임설 : ○	- 귀, 위○	- 손·배, 해제권○
	법정책임설(㊋) : ×	- ×	- ×
	절충설 :	-	-

Ⅲ. 채권자지체의 요건

(1) 채권의 성질상 이행에 채권자의 협력을 필요로 할 것

부작위채무×

(2) 채무의 내용에 좇은 이행의 제공(= 변제의 제공)이 있을 것

* 변제의 제공 (§460)
- 현실제공
- 구두제공
- 구두제공 조차 필요×

(3) 채권자의 수령불능 또는 수령거절

(4) 채권자의 귀책사유, 위법성?

요건
- 귀책사유, 위법성 — 채무불이행책임설 : ○
- 법정책임설 : ×

Ⅳ. 채권자지체의 효과

* 효과
- §401~§403
- §538① 2문(현실제공·구두제공이 필요. ㊎)
- §487

(1) 채무자의 주의의무 경감

(2) 채무자의 이자지급 정지

(3) 증가비용의 채권자부담

(4) 쌍무계약에 있어서의 위험이전

(5) 공탁권

(6) 기 타

효과 ┌ 손·배 ┐ 채무불이행책임설 : ○
　　 └ 해제권 ┘ 법정책임설 : ×

V. 채권자지체의 종료

(1) 채권의 소멸

(2) 채권자지체의 면제

(3) 채무불이행의 발생

(4) 수령하겠다는 통지

제5장 책임재산의 보전

제1절 서 설

- 채권자 ―― 채무자
  - 책임재산보전(※금고)
    - 채권자대위권
    - 채권자취소권
- 피담보채권 / 주채무 / 피보전채권
  - 물적담보
    - 전형담보
      - 유치권
      - 질권
      - 저당권☆
    - 비전형담보
      - 가등기담보☆
      - 양도담보☆
      - 소유권유보부매매
  - 인적담보
    - 보증채무
    - 불가분채무
    - 연대채무

<채권자대위권과 채권자취소권의 비교>

분 류	내 용	채권자대위권	채권자취소권
의 의	기능 및 유사제도	책임재산보전(특정채권보전도 가능) / 사무관리, 추심, 전부명령	책임재산보전에만 충실 / 파산법상의 부인권(일탈재산 원상회복)
	성 질	법정재산관리권	채권자가 채무자의 행위를 부인
요 건	채무자의 무자력	엄격히 요구하지 않음 (특정채권의 경우에 예외 인정)	엄격히 요구함
	피보전채권의 이행기 도래 여부	원칙적으로 도래 필요, 예외 있음(예: 법원의 허가, 보존행위)	도래 불요
	피보전채권의 성립시기	먼저 성립할 필요 없음	먼저 성립해야 하나, 고도의 개연성이 있는 경우 예외 인정

	특정채권보전	가 능	불가능. 단 손해배상채권으로 바뀌면 가능
	담보권 있는 경우	물적담보에 의하여 담보되지 않는 부분에 관하여 행사가능(반대: 곽윤직)	물적 담보가 있으면 부족분에 한해 행사 가능
	채무자의 행위	권리불행사	사해행위
행 사	방 법	채권자가 재판외로도 가능, 제척기간 없음	채권자가 재판상으로만 가능, 제척기간 있음(1,5년)
	상대방	제3채무자	수익자나 전득자
효 과	재산반환 여부	채무자에게 귀속	상대적 무효 내지 책임재산으로
	직접 수령	가 능	가 능(상대적 무효설)
	채무자에게 기판력이 미치는지 여부	채무자에게 통지하거나 채무자가 안 경우에만 미침(판례)	채무자에게 미치지 않음(판례-취소의 상대적 효력)
민소법	원고	채권자	채권자
	피고	제3채무자	수익자 또는 전득자
	채무자의 소송상 지위	소외인	소외인
	소송참가	채무자는 보조참가, 독립당사자 참가 가능	
공통점		실체법상 권리이다.	
		채권자 자신의 이름으로 행사한다.	

제2절 채권자대위권★★★(2차)

※ 2차시험에 항상 낀다. 논점의 다과에 따라 양 조절

※ 대위권이 없으면 재판이 안된다.

Ⅰ. 채권자대위권의 의의 및 성질

1. 의 의

2. 성 질

Ⅱ. 채권자대위권의 요건

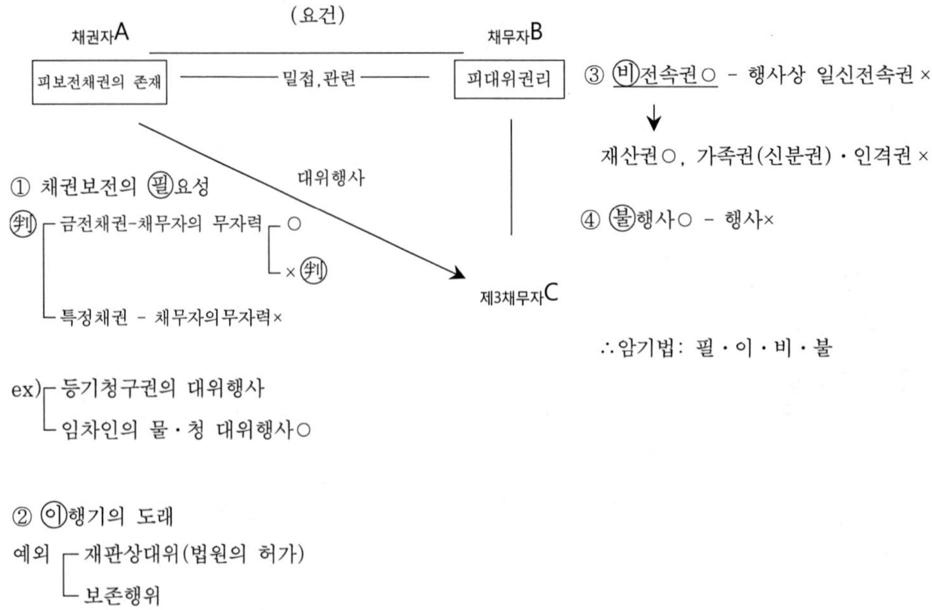

1. 채권자가 자기의 채권을 보전할 필요가 있을 것

(1) 채권자의 채권(피보전채권)의 존재

ex)

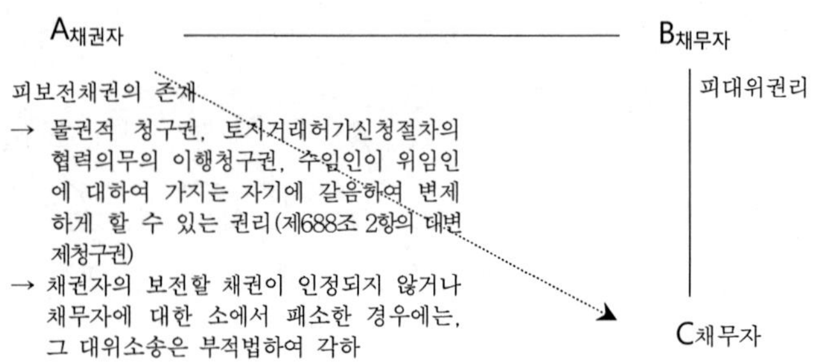

ex)이혼

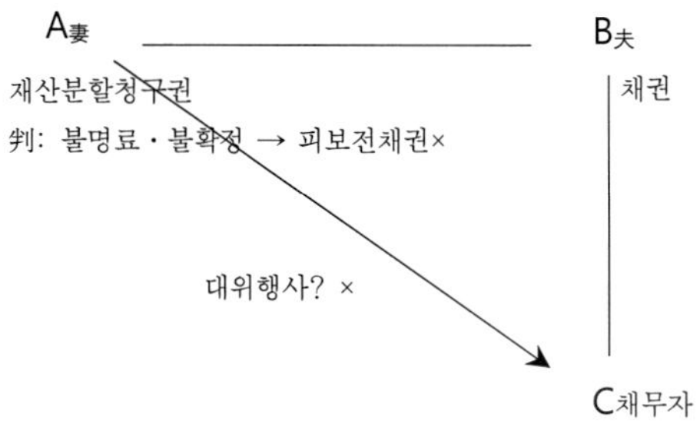

(2) 채권보전의 필요성

1) 판 례

判) 채권보전의 필요성?

A채권자 — B채무자

①금전채권인 경우 ┌ 원칙: 채무자의 무자력○
(특별담보×) └ 예외: 判 밀접・관련

피대위권리

임대차보증금 반환청구권을 양수한 채권자가 그 이행을 청구하기 위하여 임차인의 가옥인도가 선이행되어야 할 필요가 있어서 임대인을 대위하여 임차인에게 가옥을 임대인에게 인도하라고 하는 경우(대판 88다카4253), 수임인이 위임인에 대하여 가지는 대변제청구권을 보전하기 위하여 채무자인 위임인의 채권을 대위행사하는 경우(대판 2001다52506), 명의신탁자가 명의수탁자의 상속인에 대하여-명의신탁해지를 원인으로 한 소유권이전등기 청구권의 이행불능을 이유로-가지고 있는 제747조의 가액배상청구권을 보전하기 위하여 그 상속인이 자신의 상속지분에 관한 원상회복이 불가능함으로 인하여 제3자에 대하여 가지고 있는 가액배상청구권을 대위행사하는 경우(대판 2005다39013)

C채무자

判) 보증금반환청구권

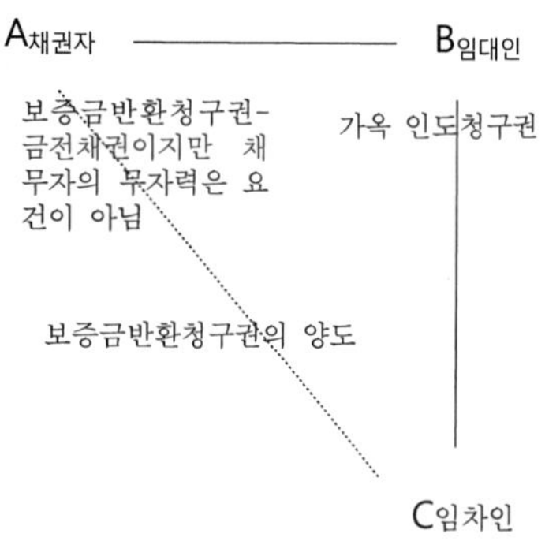

②특정채권인 경우 - 채무자의 무자력×, ex) 등기청구권, 방해배제청구권의 대위행사 등

*채권자가 보전하려는 권리와 대위하여 행사하려는 채무자의 권리가 밀접하게 관련되어 있고 채권자가 채무자의 권리를 대위하여 행사하지 않으면 자기 채권의 완전한 만족을 얻을 수 없게 될 위험이 있어 채무자의 권리를 대위하여 행사하는 것이 자기 채권의 현실적 이행을 유효·적절하게 확보하기 위하여 필요한 경우에는 채권자대위권의 행사가 채무자의 자유로운 재산관리행위에 대한 부당한 간섭이 된다는 등의 특별한 사정이 없는 한 채권자는 채무자의 권리를 대위하여 행사할 수 있어야 하고, 피보전채권이 특정채권이라 하여 반드시 순차매도 또는 임대차에 있어 소유권이전등기청구권이나 명도청구권 등의 보전을 위한 경우에만 한하여 채권자대위권이 인정되는 것은 아니다(대판 2001.5.8. 99다38699).

*특정물에 관한 채권자는 채권을 보전하기 위하여 채무자의 제3채무자에 대한 그 특정물에 관한 권리만을 대위행사할 수 있다(대판 1993.4.23. 93다289).

ex)

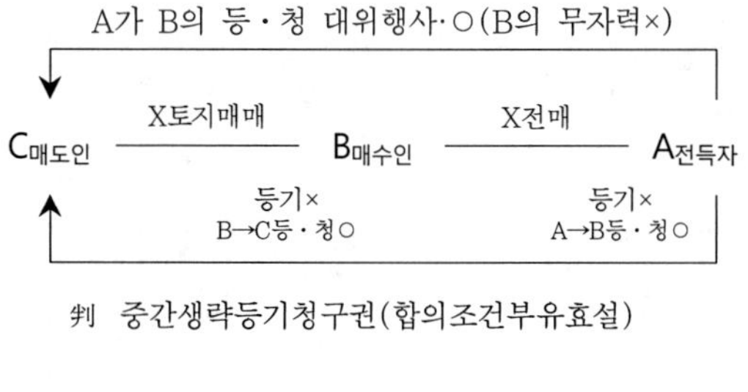

判 중간생략등기청구권(합의조건부유효설)

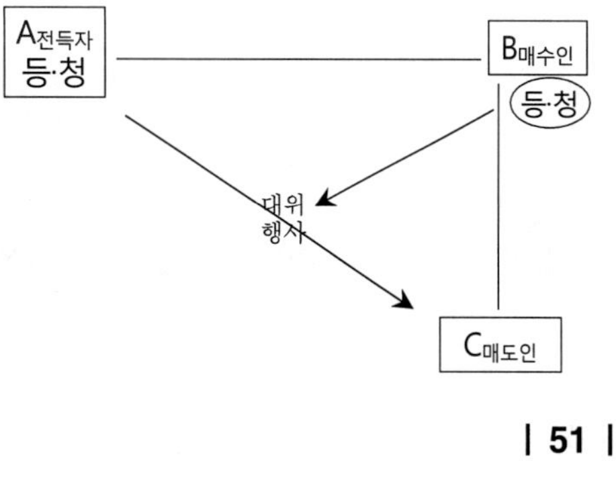

ex) 이중매매의 경우

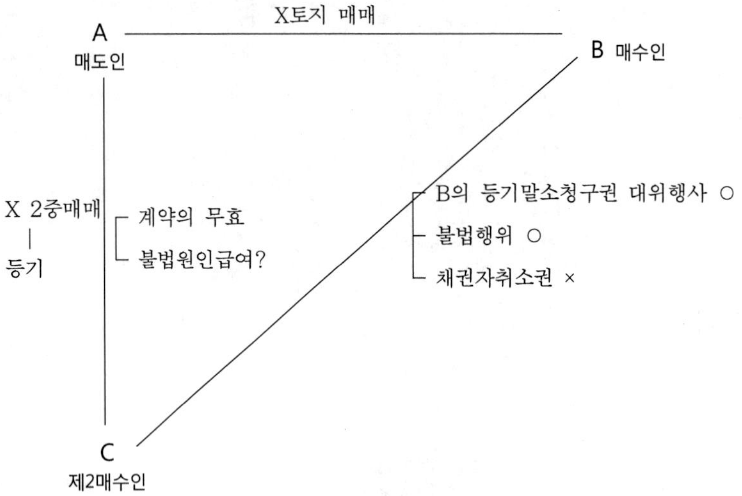

ex)

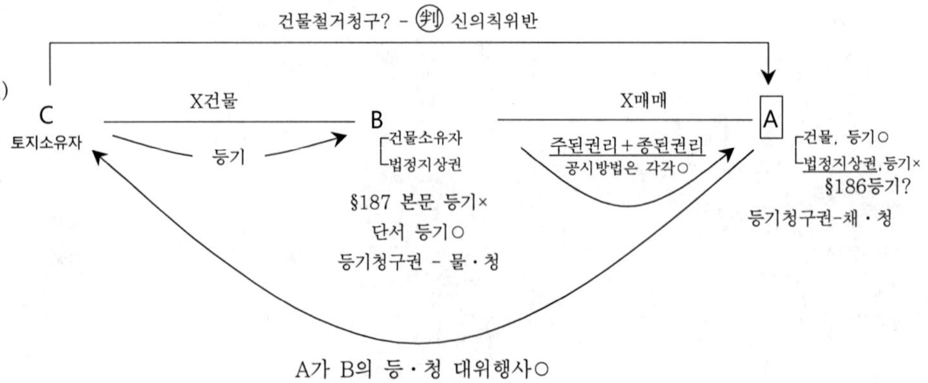

ex)

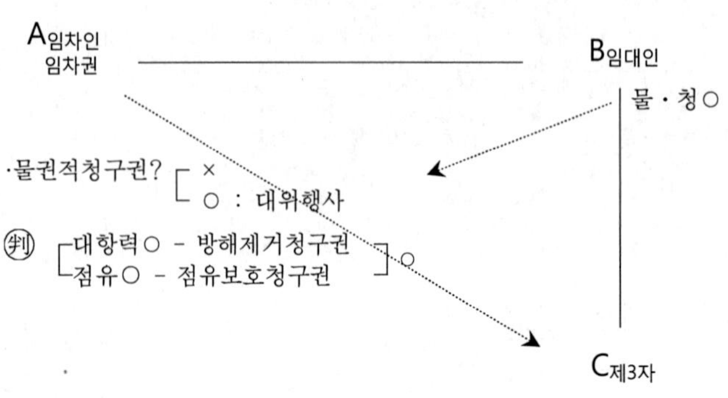

2) 학 설

무자력요건설, 무자력불요설, 절충설

3) 검토 및 사견

2. 채무자가 제3자에 대하여 대위행사에 적합한 권리를 가지고 있을 것

判) 대위행사에 적합한 권리?

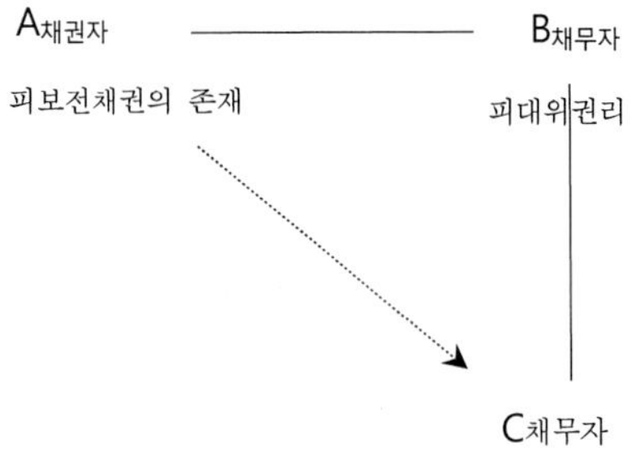

행사상의 일신전속권(비법정대리성 · 비채권자대위성)×
- 채권적 청구권, 물권적 청구권, 형성권(임대인의 임대차계약에 대한 해지권 · 전화가입계약의 해지권), 채권자대위권, 채권자취소권, 이행인수가 약정된 경우 그에 기한 채무자의 인수인에 대한 청구권, 토지거래허가 신청절차 협력의무의 이행청구권, 상계권, 조합탈퇴의 의사표시○
- 공법상의 권리, 실체법상의 권리○

(1) 채무자의 권리의 존재

(2) 채무자의 권리가 대위행사에 적합할 것

구 분		대위행사 가부
재산권		채무자의 권리는 재산권이어야 한다(비전속권). 재산권이더라도 압류할 수 없는 권리(보상청구권 또는 급여를 받을 권리 등)는 채권의 공동담보가 될 수 없으므로, 채권자대위권의 객체가 되지 않는다. 행정처분적 성질의 것도 제외된다고 할 것이다(2000다5817).
비재산권	신분권	신분법상의 권리는 친족상의 신분과 결부된 권리이므로 원칙적으로 행사상 일신전속성을 가진다. 예컨대, 부부간의 계약취소권(제828조), 이혼시 재산분할청구권(제839조의2: 이미 행사되어 구체화된 것은 행사가 가능하다), 인지청구권(제863조), 친권자의 子에 대한 재산관리권(제916조), 친족간의 부양청구권(제974조), 재산상속회복청구권(제999조), 유류분반환청구권(제1115조 1항. 대판 2010.5.27. 2009다93992: 다수설은 채권자대위권의 객체가 될 수 있다고 한다), 상속의 승인포기권(제1019조) 등이다. 그러나 상속재산분할청구권(제1078조)은 채권자대위권의 객체가 될 수 있다(다수설).
	인격권	인격권의 침해로 인한 위자료 청구권의 행사 여부는 채무자에게 맡겨져 있으므로 대위행사의 대상이 될 수 없다. 다만 위자료청구권이 행사되어 금전채권으로 구체화되면 채권자대위권의 객체가 된다.

3. 채무자가 스스로 그의 권리를 행사하지 않을 것

채무자가 이미 소를 제기하고 있는 때는 물론이고(69다1311), 설사 부적당한 소송으로 패소한 때에도 대위권은 인정되지 않는다(92다32876).

4. 채권자의 채권이 이행기에 있을 것

(1) 재판상의 대위

(2) 보존행위

Ⅲ. 채권자대위권의 행사

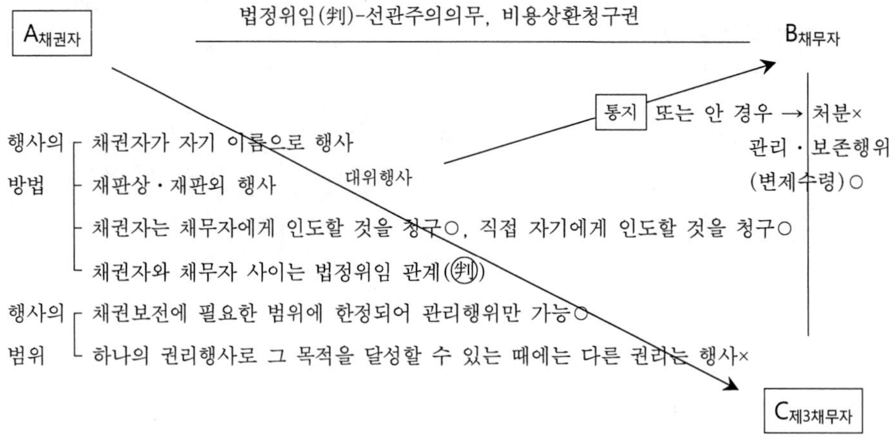

1. 행사의 방법

2. 행사의 범위

3. 행사의 효력

(1) 채무자의 처분권의 제한

재판상 대위 - 법원은 직권으로 채무자에게 고지 → 처분×

재판외 대위 - 통지 · 안 때에도 ┌ 처분×(소제기×)
└ 관리 · 보존행위(변제수령)○

(2) 제3자(제3채무자)의 항변권

┌ 제3채무자는 채무자에 대하여 가지는 모든 항변으로 대항○
└ 채무자가 채권자에게 주장할 수 있는 사유를 주장×

Ⅳ. 채권자대위권 행사의 효과

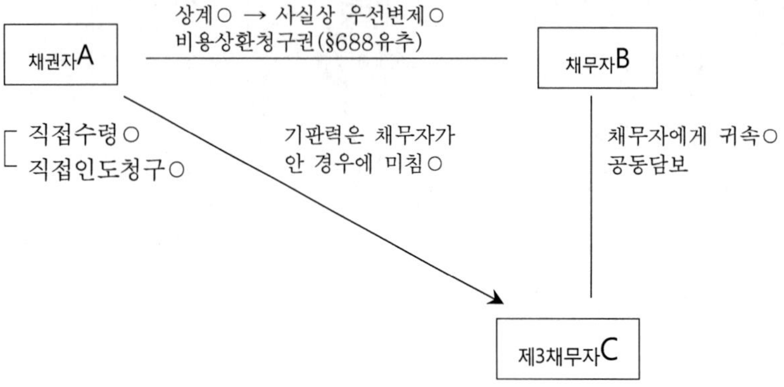

1. 효과의 귀속

2. 비용상환청구권

3. 대위소송의 판결의 효력

제3절 채권자취소권★★★(2차. 논문多)

Ⅰ. 채권자취소권의 의의 및 성질

1. 의 의

2. 성 질

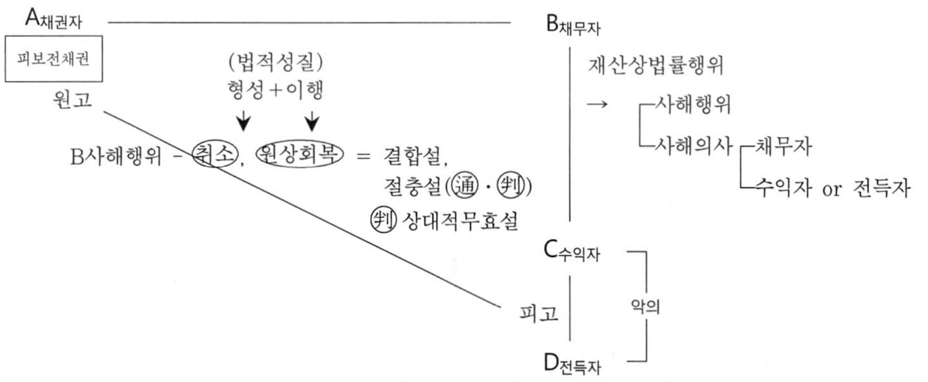

Ⅱ. 채권자취소권의 요건

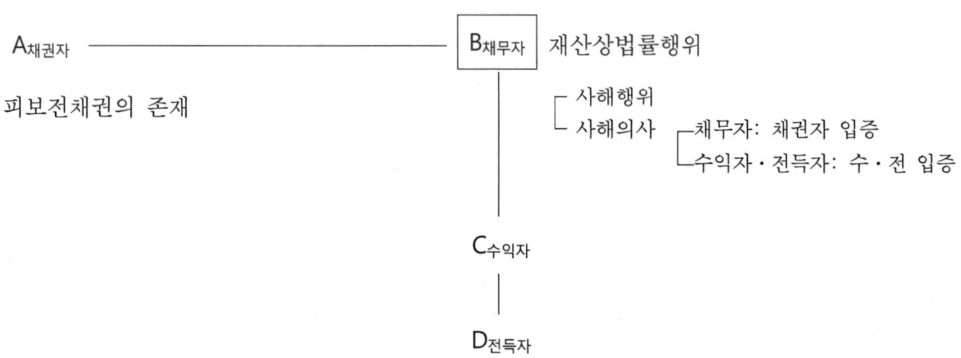

1. 채권자의 채권(피보전채권)의 존재

(1) 피보전채권이 될 수 있는 채권

A채권자 —— B채무자 재산상법률행위

피보전채권의 존재

C수익자

D전득자

* 금전채권○(§407)
특정채권× 채·불 ——→ 손·배○
※ 이중매매

* 담보 물적담보:×
인적담보:○

* 이혼시의 재산분할 청구권

1) 금전채권

2) 금전채권 이외의 채권, 특히 특정채권

3) 물적 담보를 수반하는 채권

判) 채권자의 채권원리금이 우선변제권에 의하여 전액 담보되지 아니하는 경우, 채권자취소권을 행사할 수 있는 피보전채권의 범위

A채권자 —— B채무자(매도인)

㉠ 피보전채권(저당권이 설정되어 우선변제권을 확보)의 존재

㉡ X부동산 매매(사해행위)

C수익자(매수인)

채권자 앞으로 근저당권이 설정되어 채권자에게 우선변제권이 확보되어 있다면 그 담보부동산으로부터 우선변제받을 금액을 공제한 나머지 채권액에 대하여만 채권자취소권이 인정된다(대판 2002.4.12. 2000다6391). 그리고 이와 같이 채권자의 채권원리금이 우선변제권에 의하여 전액 담보되지 아니하는 경우에는 변제충당의 법리를 유추적용하여 이자가 원금에 우선하여 담보된다고 보아야 하므로 사해행위의 시점에서 담보되지 아니하는 부분에는 원금에 해당하는 금원이 포함되어 남아 있게 되고, 따라서 채권자가 채권자취소권을 행사할 수 있는 피보전채권의 범위는 사해행위 당시 담보부동산의 가액과 채권최고액 중 적은 금액을 초과하는 부분에 해당하는 채권원리금 및 그 중 원금 부분에 대하여 그 후 사실심 변론종결시점까지 발생한 지연이자 상당의 금원이 된다(대판 2002.11.8. 2002다41589). - 원고가 채권자취소권을 행사할 수 있는 피보전채권의 범위는 매매계약 당시의 채권원리금(공사대금 잔액 150,000,000원 및 약정 최종변제기일 다음날인 2006. 10. 1.부터 매매계약일인 2008. 7. 23.까지 위 약정지연손해금률인 연 6%의 비율로 계산한 지연손해금)에서 근저당권에 의하여 우선변제권이 확보되어 있던 금액(66,843,175원)을 이자, 원금의 순으로 공제하고 남은 원금 및 그 원금에 대하여 매매계약일 다음날부터 원심 변론종결일까지 연 6%의 비율로 계산한 지연손해금이라고 할 수 있다(대판 2010.2.11. 2009다81616).

4) 인적 담보를 수반하는 채권

5) 재산분할청구권★(2차)

ex)

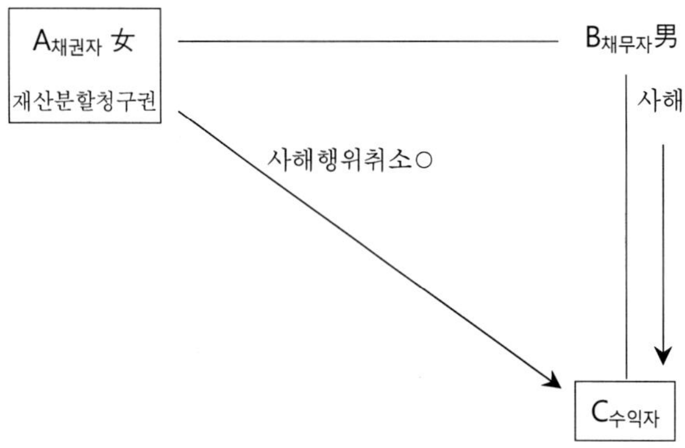

6) 채무자가 파산절차에서 면책결정을 받은 채권

(2) 피보전채권의 성립시기

ex)

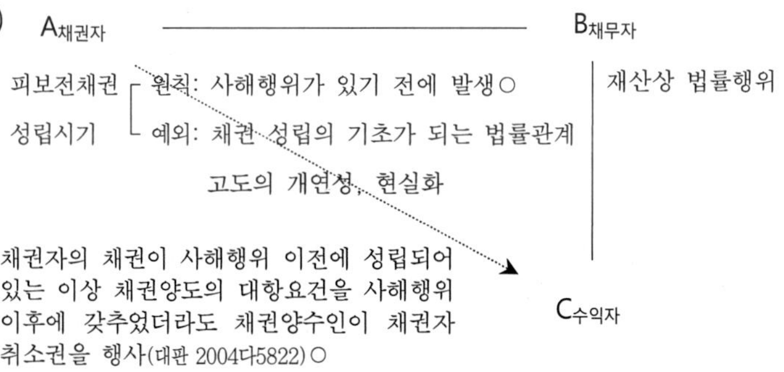

判)

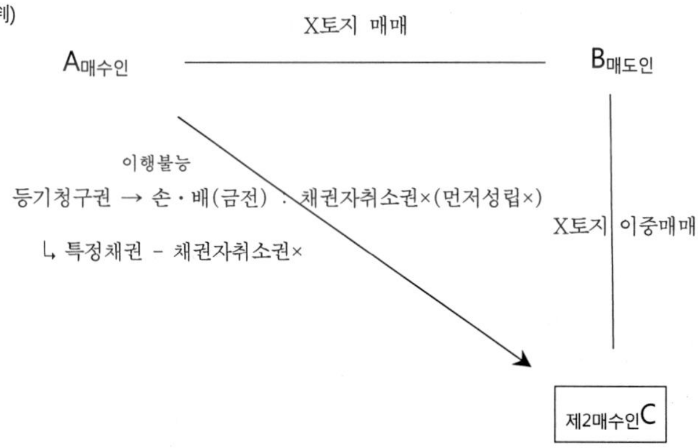

判) 대판 2000.2.25. 99다53704

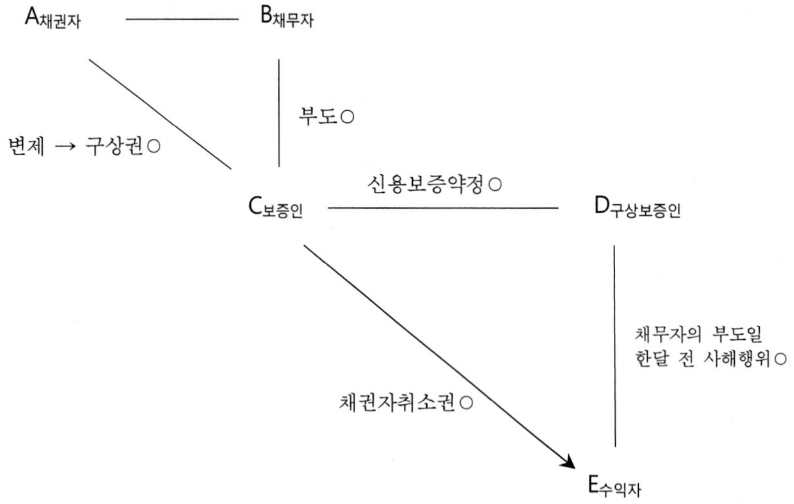

判) 대판 2010.4.29. 2009다80705

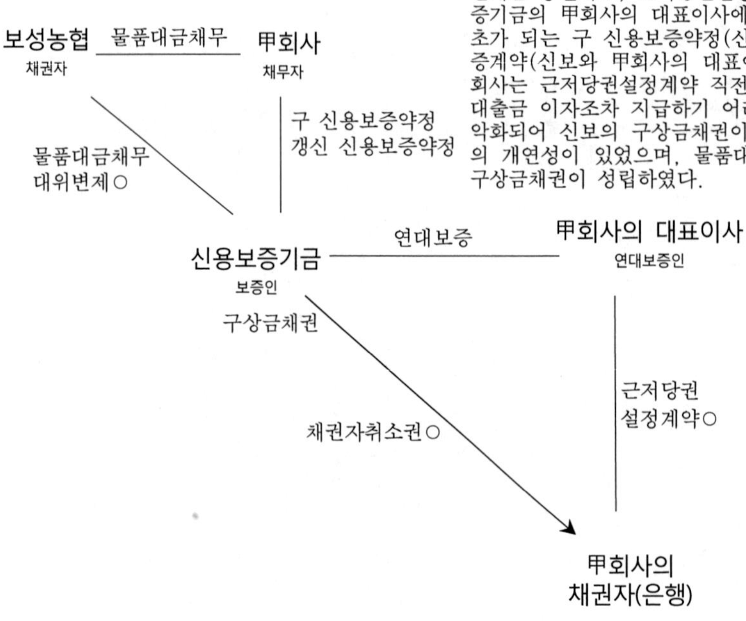

구 신용보증약정과 갱신 신용보증약정의 기초적 법률관계는 동일하고, 근저당권설정계약 체결 당시 신용보증기금의 甲회사의 대표이사에 대한 구상금채권의 기초가 되는 구 신용보증약정(신보와 甲회사)과 연대보증계약(신보와 甲회사의 대표이사)이 성립하였고, 甲회사는 근저당권설정계약 직전 무렵부터 은행에 대한 대출금 이자조차 지급하기 어려울 정도로 자금사정이 악화되어 신보의 구상금채권이 발생할 것이라는 고도의 개연성이 있었으며, 물품대금채무를 대위변제하여 구상금채권이 성립하였다.

(3) 피보전채권의 이행기가 되었어야 하는지 여부

채권이 이행기에 있었을 것이 요구되지 않는다.

2. 사해행위

(1) 채무자의 법률행위

ex)

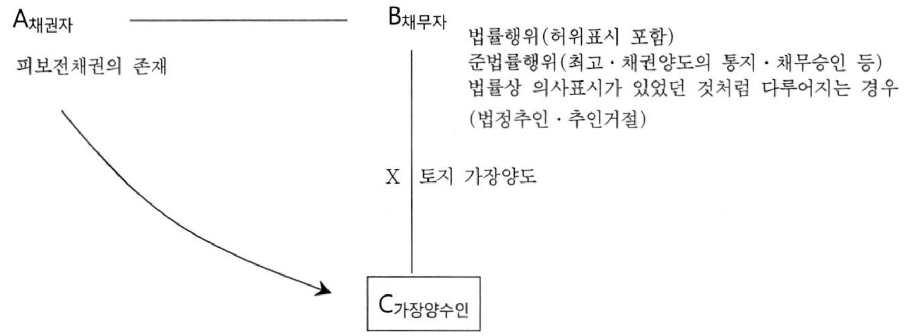

(2) 재산권을 목적으로 하는 법률행위

* 재산행위 ┌ 원칙: ○
  └ 예외: × 압류가 금지되는 재산권
* 신분행위 ┌ 원칙: × ex) 혼인 · 입양 · 인지 · 상속포기 등
  └ 예외: ○ ex) 이혼시 재산분할, 상속재산분할

ex)

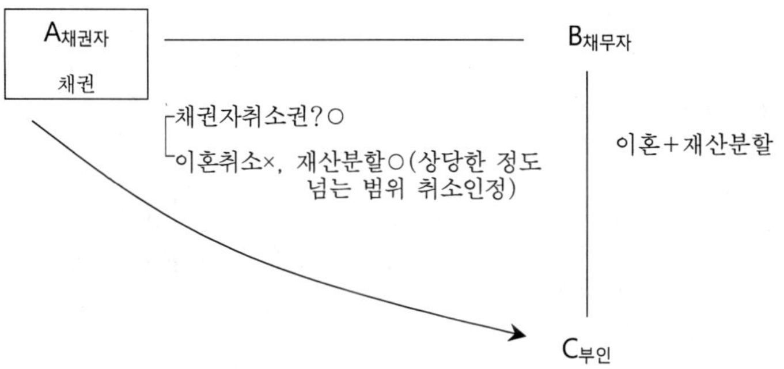

ex)

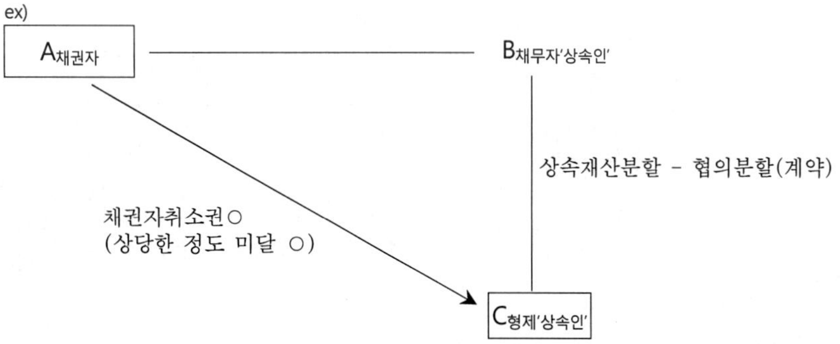

(3) 채권자를 해하는 법률행위일 것

1) 서 설

2) 자력 산정

무자력? ┌ 채무초과 또는 무자력
　　　　└ 사해행위 당시○ - 사실심의 변론종결 당시○

3) 구체적인 경우

※ 명의수탁자의 신탁부동산의 양도행위가 사해행위인지 여부

ex)

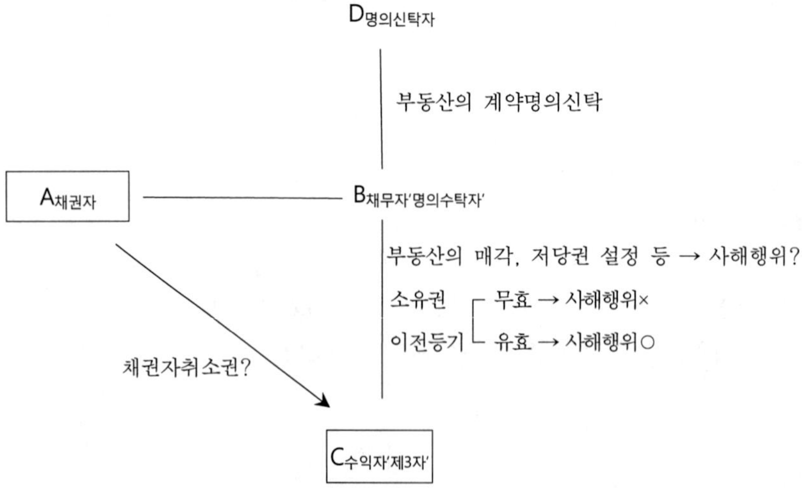

▶ 사해행위 여부에 대한 구체적 검토 ◀

변 제		변제는 사해행위가 되지 않는다(통설·판례). 다만 일부채권자와 통모하여 다른 채권자를 해할 의사로 변제한 경우에는 사해행위가 성립한다(2003다60822). 기존 채무의 지급을 위하여 약속어음이 발행된 경우에는 특별한 사정이 없는 한 사해행위에 해당한다고 할 수 없지만, 채무자가 약속어음을 발행함으로써 새로운 채무를 부담하게 되는 경우에 있어서는 사해행위에 해당한다(2000다64441).
대물변제		대물변제는 원칙적으로 사해행위로 되지 않으나, 정당하지 않은 가액으로 행해지거나 특정채권자와 통모하여 채권자를 해할 목적으로 한 대물변제는 사해행위로 된다(96다23207). 특히 이미 채무초과 상태에 빠진 채무자가 그의 유일한 재산인 부동산을 채권자 중 1인에게 대물변제로 제공하는 행위는 특별한 사정이 없는 한 다른 채권자에 대한 관계에서 사해행위로 된다(96다23307).
담보의 부담	물적 담보의 부담	원칙적으로 사해행위가 아니다. 그러나 채무초과의 상태에 있는 자가 자신의 유일한 부동산을 채권자 중의 한사람에게 담보로 제공하면 사해행위이다(2007다45364). 다만 사업을 계속추진하기 위하여, 특히 신규자금을 융통받기 위하여 부득이 특정 채권자에게 담보로 제공하는 것은 사해행위가 아니다(2000다25842). 주택임대차보호법 제8조의 소액보증금 최우선변제권은 일종의 법정담보물권을 부여한 것이므로, 채무자가 채무초과상태에서 채무자 소유의 유일한 주택에 대하여 위 법조 소정의 임차권을 설정해 준 행위는 사해행위취소의 대상이 된다고 할 것이다(2003다50771).
	인적 담보의 부담	채무자가 보증채무나 연대채무를 부담하는 행위는 사해행위이다.

부동산의 매각 기타 양도	판례는 채무자가 자기의 유일한 재산인 부동산을 매각하여 소비하기 쉬운 금전으로 바꾸거나 타인에게 무상으로 이전하여 주는 행위는 특별한 사정(채무변제, 공조·공과지출 등)이 없는 한 채권자에 대하여 사해행위가 되며(2000다41875), 채무자의 사해의 의사는 추정된다고 한다(96다2606). 특히 채무초과 상태에서 유일한 재산을 채권자 중 1인과 통모하여 그에게 매각한 행위는 특별한 사정이 없는 한 사해행위로 된다고 한다(94다2961).
이혼에 따른 재산분할	재산분할자가 당해 재산분할에 의하여 무자력이 되어 일반채권자에 대한 공동담보를 감소시키는 결과가 된다고 하더라도 그러한 재산분할이 민법 제839조의2 제2항의 규정 취지에 반하여 상당하다고 할 수 없을 정도로 과대하고, 재산분할을 구실로 이루어진 재산처분이라고 인정할 만한 특별한 사정이 없는 한 사해행위로서 채권자취소권의 대상이 되지 아니하고, 위와 같은 특별한 사정이 있어 사해행위로서 채권자취소권의 대상이 되는 경우에도 취소되는 범위는 그 상당한 부분을 초과하는 부분에 한정된다고 할 것이다(2004다58963).
상속재산의 분할협의	채무초과 상태에 있는 채무자가 상속재산의 분할협의를 하면서 상속재산에 관한 권리를 포기함으로써 결과적으로 일반 채권자에 대한 공동담보가 감소되었다 하더라도, 그 재산분할결과가 채무자의 구체적 상속분에 상당하는 정도에 미달하는 과소한 것이라고 인정되지 않는 한 사해행위로서 취소되어야 할 것은 아니고, 구체적 상속분에 상당하는 정도에 미달하는 과소한 경우에도 사해행위로서 취소되는 범위는 그 미달하는 부분에 한정하여야 한다(2000다51797).

3. 채무자 등의 악의

(1) 채무자의 악의

- 소극적인 인식○, 적극적인 의욕×
- 채무자의 악의의 입증책임 - 취소채권자

(2) 수익자 또는 전득자의 악의

수익자 또는 전득자가 그들의 선의를 입증

Ⅲ. 채권자취소권의 행사

1. 행사의 방법

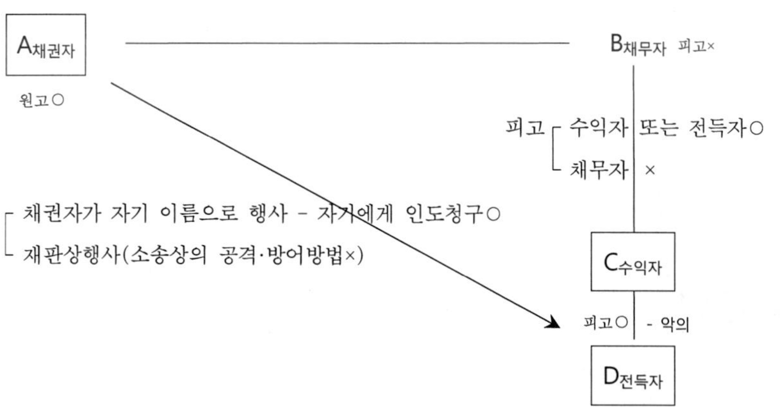

(1) 채권자의 이름으로 행사

(2) 재판상 행사

(3) 취소의 상대방(피고)

2. 행사의 범위

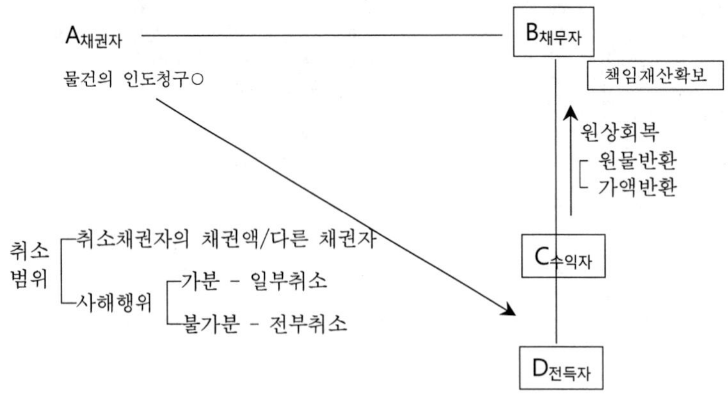

Ⅳ. 채권자취소권 행사의 효과

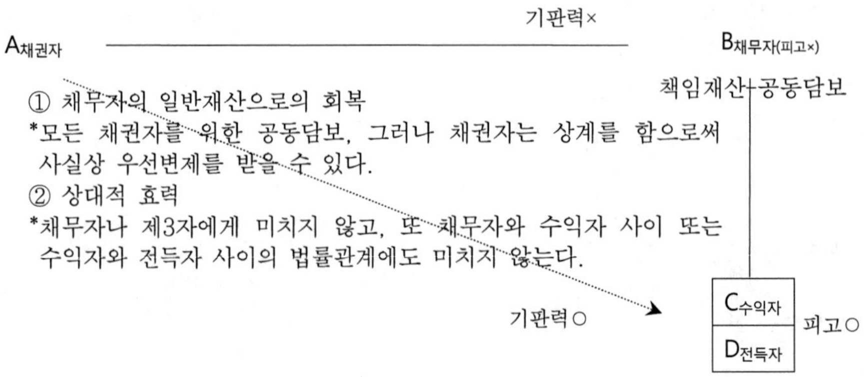

(1) 채무자의 일반재산으로의 회복

(2) 상대적 효력

Ⅴ. 채권자취소권의 소멸

제척기간 ┌ 채권자가 취소원인을 안 날로부터 1년
　　　　 └ 법률행위가 있은 날로부터 5년

제6장 다수당사자의 채권관계

(§408~§448 → 신민법: 수인의 채권자 및 채무자)

제1절 서 설

(1) 의 의

◦채권자 甲 乙 丙 ── 급부 1개 ── A채무자 B C

- 분할채권관계
  - 분할채권
  - 분할채무
- 불가분채권관계
  - 불가분채권
  - 불가분채무
- 연대채무 (VS 연대채권)/부진정연대채무
- 보증채무

(2) 다수당사자의 채권관계의 종류 및 기능

인적담보제도
- 분할채무 ×
- 불가분채무 ○
- 연대채무 ○
- 보증채무 ○

담보력
- 불가분채무 〉 연대채무
- 부진정연대채무 〉 연대채무

※ 채무 담보제도
- 인적담보
- 물적담보
- 책임재산보전제도

(3) 다수당사자의 채권관계에서 살펴보아야 할 중요문제

다수 당사자의 채권관계
- 성립
- 효력
  - 대외적 효력
  - →1人의 채권자 or 채무자에게 생긴 사항(유)의 효력 (㉳ VS ㉴)
  - 대내적 효력

ex)

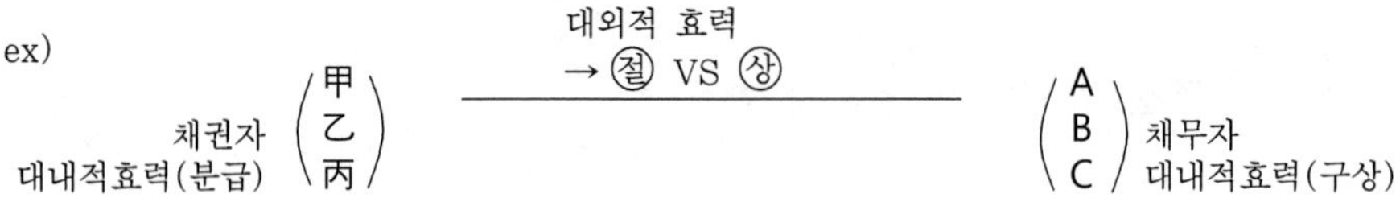

(4) 채권・채무의 공동적 귀속

기타 재산권 - 준공동소유(§278)

채권・채무의
- 준공유 : 특칙 → 다수당사자의 채권관계(§408~§448)
- 준합유 : 조합 - 무한책임
- 준총유 : 권리능력 없는 사단 - 유한책임

제2절 분할채권관계

Ⅰ. 의의 및 성립

(1) 의 의

(2) 성 립

㉠ 분할 채권관계 VS 불가분 채권관계

급부 : 가분 불가분
- 성질상
- 의사표시

㉡ 연대채무 VS 부진정 연대채무

- 법률행위
- 법률규정 (§35②, §616, §654, <u>§760</u>, §832 특수성○)
  - 부진정연대채무 (通·判)
  - 연대채무 ㉯

ⓒ 보증채무(보증계약)

보증계약(보증의사)

<다수당사자의 채권관계의 성립>

구 분		성 립
분할채권관계(급부가 가분인 때)	분할채권	① 2인의 공동매수인 각자가 그 1/2 지분권에 기해 가지는 소유권이전등기청구권(대판 1981.4.15. 79다14) ② 공유물에 대한 제3자의 불법행위 내지는 부당이득에 의한 손해배상청구권 또는 부당이득반환청구권에 대해 공유자 각자가 그 지분비율에 따라 가지는 권리(대판 1979.1.30. 78다2088) ③ 4인의 매수인이 가지는 매매계약의 무효를 원인으로 한 계약금의 부당이득반환채권(대판 1993.9.14. 91다41316)
	분할채무	① 공동불법행위자 중 1인이 전체 채무를 변제한 때에 나머지 공동불법행위자들이 부담하는 구상채무(대판 2002.9.27. 2002다15917) ② 금전채무를 상속한 공동상속인들의 책임(대판 1997.6.24. 97다8809) ③ 공동당사자로서 변호사에게 소송대리를 위임한 경우 소송대리위임에 따른 보수금지급채무(대판 1993.2.12. 92다42941) ④ 금전소비대차에 있어 수인의 채무자가 각기 일정한 돈을 빌리는 경우(대판 1985.4.23. 84다카2159) ⑤ 수인의 채무불이행으로 인한 손해배상채무(1959.7.16. 4291민상546) ⑥ 수인의 채권자가 채무자에게 별개로 금전을 대여하고 채무자 소유의 토지에 대해 담보목적으로 공동으로 소유권이전등기를 한 후 담보권의 실행을 위해 분필을 하고서 처분한 경우의 정산금반환채무(대판 1987.5.26. 85다카1146) ⑦ 공동상속의 경우 등기이전의무(대판 1979.2.27. 78다2281)
불가분채무		• 급부가 성질상 또는 의사표시에 의하여 불가분인 때에 불가분채권관계는 성립한다. 각 채무자의 불가분적인 이익향유에 대한 대가 또는 불가분급부의 대가로서의 채무는 성질상 불가분채무로 해석된다. ① 건물의 공유자가 공동으로 건물을 임대하고 보증금을 수령한 경우 그 보증금반환채무(대판 1998.12.8. 98다43137), 채권적인 전세계약에 있어서 전세물건의 소유자가 공유자일 경우 그 전세계약과 관련하여 받은 전세금반환채무(대판 1967.4.25. 67다328) ② 수인 공동의 점유·사용으로 말미암아 부담하게 되는 부당이득반환채무(대판 2001.12.11. 2000다13948), 수인이 무단으로 토지를 점유한 경우 그들이 소유자에게 부담하는 부당이득반환 채무(대판 1991.10.8. 91다3901) ③ 공유자가 공유물에 대한 관계에서 법률상 원인없이 이득을 얻고 그로 인하여 제3자에게 손해를 입힌 경우에 그 이득을 반환할 의무(대판 1992.9.22. 92누2202) ④ 공동상속인들의 건물철거의무(대판 1980.6.24. 80다756) ⑤ 국토의계획및이용에관한법률상 토지거래허가지역내의 토지에 관한 매매계약이 확정적으로 무효로 되면서 다수의 매도인이 매수인에게 부담하게 된 부당이득반환의무(대판 1997.5.16. 97다7356)
연대채무		① 법인의 목적범위외의 행위로 인하여 타인에게 손해를 가한 경우에 그 사항의 의결에 찬성하거나 그 의결을 집행한 사원·이사 기타 대표자의 연대책임(제35조 2항) ② 공동사용차주의 연대채무(제616조) ③ 공동임차인의 연대채무(제654조) ④ 부부의 일상가사대리행위로 인한 채무의 연대책임(제832조)(다만 내부적으로는 부담부분이 없는 무제한의 연대채무이다) ⑤ 상행위로 인한 채무(상법 제57조)
부진정연대채무		① 피용자가 사무집행에 관하여 불법행위를 한 경우에 피용자의 불법행위로 인한 손해배상의무(제750조)와 사용자의 손해배상의무(제756조)(대판 2000.3.14. 99다67376) ② 법인의 대표기관이 그 직무에 관하여 불법행위를 한 경우에 법인의 손해배상의무와 이사 개인의 손해배상의무(제35조 1항) ③ 이행보조자 등의 과책에 기한 채무자의 채무불이행책임과 이행보조자 등의 불법행위

책임(대판 1994.11.11. 94다22446)
④ 책임무능력자의 불법행위에 대한 법정감독의무자와 대리감독자의 손해배상의무(제755조)
⑤ 동물의 가해행위에 대한 점유자와 보관자의 손해배상의무(제759조)
⑥ 공동불법행위에 기한 가해자들의 손해배상채무(대판 1980.7.22. 79다1107)
⑦ 타인의 주택을 소실시킨 자의 불법행위에 의한 손해배상의무(제750조)와 화재보험회사의 보험계약상 보험금지급의무
⑧ 임치물, 임차물, 운송물을 도난당하거나 훼손당한 경우에 수치인, 임차인 등의 채무불이행에 의한 손해배상의무(제390조)와 절취자, 훼손자의 불법행위에 의한 손해배상의무(제750조)
⑨ 경비인의 경비용역계약상의 채무불이행으로 인한 손해배상의무와 절도범의 절도라는 불법행위로 인한 손해배상의무(대판 2006.1.27. 2005다19378)
⑩ 금융기관이 회사 임직원의 대규모 분식회계로 그 회사의 재무구조를 잘못 파악하고 대출을 하여 준 경우, 금융기관에 대한 회사의 대출금채무와 회사 임직원의 손해배상의무(대판 2008.6.26. 2007다43436)
⑪ 수급인이 도급인에 대하여 부담하는 하자보수에 갈음하는 손해배상채무와 하수급인이 건설산업기본법에 따라 하도급받은 공사에 대하여 도급인에 대하여 수급인에게 동일하게 부담하는 채무(대판 2010.5.27. 2009다85861)

Ⅱ. 분할채권관계의 효력

<효 력>

㉠ 분할채권관계

(대외적효력) (대내적효력)

채권자 甲 乙 丙 ─ 원칙: 균등한 비율로 채권・채무 ─ A B C 채무자
예외 ┌ 해제・해지의 불가분성(§547)
└ 동시이행관계

분급・구상×
→ 부당이득

㉡ 불가분채권관계

ⓐ 불가분채권

┌ 대외적 효력 ┌ 各 채권자가 전부 이행청구
│ 채무자가 各 채권자에게 전부 이행
│ └ 절대적 효력 ┌ 이행청구(시효중단, 이행지체)
│ SET └ 이행(변제, 변제의 제공, 채권자지체)
└ 대내적 효력: 분급○

ⓑ 불가분채무

┌ 대외적 효력 ┌ 채권자는 채무자 1인 또는 전원에게 전부나 일부의 이행청구
│ 各채무자의 이행
│ └ 절대적 효력: 변제(변제의 제공, 채권자지체), 대물변제, 공탁
└ 대내적 효력 - 구상권(연대채무와 같다)

<당사자 1인에게 생긴 사유의 효력>

구 분		절대적 효력	상대적 효력
불가분 채권관계	불가분채권	이행청구(이행지체·시효중단)와 이행(변제·변제의 제공·채권자지체·공탁)	절대효 사유를 제외한 나머지 사유(경개, 면제, 대물변제, 상계 등)
	불가분채무	변제(변제의 제공·채권자지체), 대물변제, 공탁은 절대효(김형배는 상계도 ○)	절대효 사유를 제외한 나머지 사유(상계, 경개, 면제, 채무의 승인 등), 이행청구(이행지체·시효중단)는 상대효(다수설, 절대효가 소수설임)
연대채무		• 일체형 절대효 사유: 변제(변제의 제공·채권자지체), 대물변제, 공탁, 이행청구(이행지체·시효중단), 경개, 상계 • 부담부분형 절대효 사유: 면제, 혼동, 소멸시효의 완성	절대효 사유를 제외한 나머지 사유(이행청구에 의하지 않은 시효중단의 효과 등)
부진정연대채무		변제, 대물변제, 공탁, 상계(통설·판례)	나머지는 모두 상대효 사유
보증채무		• 주채무자에게 생긴 사유	• 보증인에게 생긴 사유
		• 보증인에게 생긴 사유 중 변제·대물변제·공탁·상계와 같이 채권을 만족시키는 사유	

1. 대외적 효력

2. 대내적 효력

제3절 불가분채권관계

Ⅰ. 불가분채권관계의 의의

채권의 담보력 강화 - 인적 담보

불가분채권·불가분채무가 가분채권·가분채무로 변경된 때에는 분할채권·분할채무로 변경된다(§412).

Ⅱ. 불가분채권

1. 대외적 효력(모든 채권자와 채무자 사이의 관계)

§409
§410

2. 대내적 효력(채권자들 상호간의 관계)

분급

Ⅲ. 불가분채무

1. 대외적 효력(모든 채무자와 채권자 사이의 관계)

§411 · §414

2. 대내적 효력(채무자들 상호간의 내부관계)

구상 §411(§424 ~ §427)

제4절 연대채무

Ⅰ. 연대채무의 의의 및 성질

(1) 의 의

(2) 성 질

※ 연대채무의 성질

③ 주관적 공동관계 ┌ 절대적효력○ └ 구상권○

↓×

부진정연대채무 ┌ 절× └ 구×

① 복수채무성(채무자 수만큼의 복수의 독립한 채무): 어느 연대채무자에 대하여 무효 또는 취소가능한 것일지라도 다른 연대채무자의 채무에는 영향×(§415), 각 채무자의 채무는 그 모습을 달리할 수 있으며, 채무자 1인을 위하여 보증채무를 성립시킬 수 있다(§447).

┌ ②전부급부의무
└ 보충성×

※ 불가분 채무 - 전부급부의무 ┌ 성질상 └ 의사표시

Ⅱ. 연대채무의 성립

(1) 법률행위에 의한 성립

(2) 법률규정에 의한 성립

§35② · §616 · §654 · <u>§760</u>(㉧ · ㉶: 부진정연대채무) · §832 / 상행위로 인한 채무(㉶)

Ⅲ. 연대채무의 대외적 효력

1. 채권자의 이행청구와 채무자의 이행

┌ 채권자가 각 채무자에게 전부 이행청구(§414)
└ 각 채무자가 채권자에게 전부 이행○

2. 연대채무자 1人에 관하여 생긴 사유의 효력

(1) 제416조 내지 제422조

┌ 절대적 효력 ┌ 변제, 대물변제, 공탁
│　　　　　　└ §416 ~ §422 : 이, 경, 상, 면, 혼, 소, 채권자지체
│　　　　　　　　이행의 청구 ┌ 소멸시효 중단
│　　　　　　　　　　　　　　└ 이행지체
│　　　　　　　　면, 혼, 소: 부담부분형 절대적 효력사유
└ 상대적 효력 §423

(2) 절대적 효력이 있는 사유

1) 변제、대물변제、공탁

2) 이행의 청구(그 청구에 의한 이행지체、시효의 중단도)

3) 채권자지체

4) 상 계

5) 경 개

6) 면 제

※ 〈§419 연대채무의 면제〉

ex) A가 B에 대하여 연대채무를 면제하면 → ┌ B는 채무를 면하고 └ C・D는 80만원의 채무

채권자 A —— 120万 → 80万 (연대채무) —— 채무자 (Ⓑ, C, D)

┌전부급부의무
└보충성×

연대의 면제라면
↓
┌전부급부의무의 면제: 자기부담부분 이행
└Ⓑ 연대의 면제 ┌ B: 40万
　　　　　　　　└ C・D: 120万

7) 혼 동

8) 소멸시효의 완성

9) 계약의 해지、해제

(3) 상대적 효력이 있는 사유

Ⅳ. 연대채무의 대내적 효력(구상관계)

1. 구상권

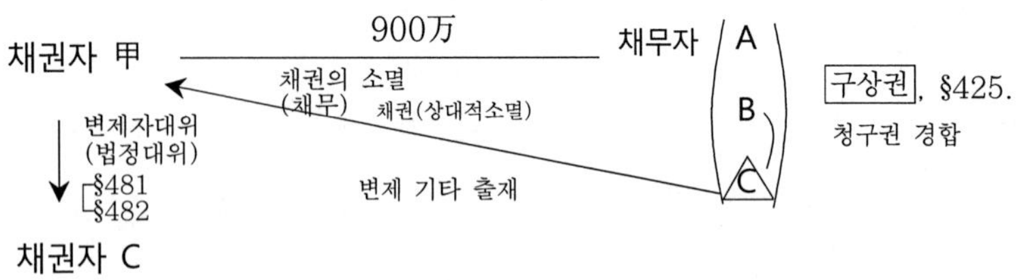

2. 연대채무자 사이의 부담부분

3. 구상권의 성립요건

(1) 공동면책

- 채무를 소멸하게 하거나 감소하게 하였어야 함(§425①)
- 수탁보증인과 달리 사전구상권은 인정되지 않음(§442)

(2) 자기의 출재

- 변제 · 대물변제 · 공탁 · 상계 · 경개 · 혼동 등
- 면제나 소멸시효완성 ×

(3) 부담부분과의 관계

- 구상권이 성립하려면 자기의 부담부분을 넘어서 공동면책을 얻었어야 하는가?
- 일부변제○ 자기부담부분 이하○(多)

※ 자기부담부분 이상 : 부진정연대채무, 공동보증인간의 구상관계

4. 구상권의 범위

※§425② - 출재액 + 법정이자 + 필요비 + 손·배

- §441② 수탁보증인의 구상권
- §688①③ 수임인의 구상권

5. 구상권의 제한

§426 ┌① 사전통지× 변제 ──→ 다른 연대채무자가 채권자에게 대항사유 → 면책행위자에게 대항○
└② 변제 사후통지× ──→ 다른 연대채무자가 선의로 채권자에게 변제 기타 유상의 면책행위 → 유효 주장○

㊊ ┌ 사전 및 사후에 2번의 통지 → 게을리 하면 구상권의 제한
└ 한 채무자가 사후의 통지× 다른 채무자가 사전의 통지× → 해석으로 제1의 출재행위만 유효

㊂ ┌ §426① 어느 연대채무자가 대항사유가 있었을 때 예외적으로 면책행위자의 사전통지를 요구
└ §426② 어느 연대채무자가 변제 기타 출재행위로 공동면책이 된 경우 사후통지 원칙

6. 상환무자력자가 있는 경우의 구상권자의 보호(구상권의 확장)

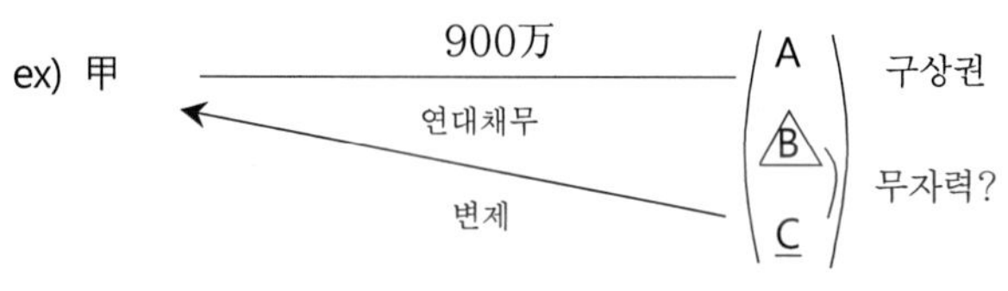

各300万 A:150万+300万=450万
C:150万

if) A가 연대면제 받음

- A(×) → 甲(○)

C ┌ 甲 150万 청구
└ A 300万 청구

(1) 무자력자의 부담부분의 분담

§427①

(2) 연대의 면제와 무자력자의 부담부분

§427②

7. 구상권자의 대위권

제481조의 법정대위

Ⅴ. 부진정연대채무★★(2차)

1. 의 의

2. 효 력

효력 ┌ 대외적 효력 §414 유추
└ 주관적 공동관계× ┌ 절대적효력× ┌ 절대적효력○: 변제, 대물변제, 공탁, 상계(㊊·㊑)
　　　　　　　　　│　　　　　　　└ 상대적효력 - §416~§422(×) 이·경·상·면·혼·소·채
　　　　　　　　　└ 구상권×

(1) 대외적 효력

1) 채권자의 이행청구와 채무자의 이행

§414 유추

2) 채무자 1인에 관하여 생긴 사유의 효력

- 절대적 효력: 변제 · 대물변제 · 공탁 · 상계(상계계약○)(通·判), (§418② 유추×)
  일부변제 · 일부배당? 절대적 효력(判)
- 상대적 효력: 이행청구로 인한 시효중단, 채무면제, 소멸시효의 완성

〈부진정연대채무자 사이에 채무액이 다른 경우의 문제〉

연대채무자 중 1인이 변제를 하면 다른 연대채무자의 채무는 어떤 범위에서 소멸?

- 소액 채무자가 채무의 전부 또는 일부를 변제한 때, 변제액만큼 다액 채무자의 채무가 소멸
- 다액 채무자가 채무의 일부를 변제한 때: 내측설, 외측설(判 근래), 안분설(判 과거)

判) 외측설 vs 안분설

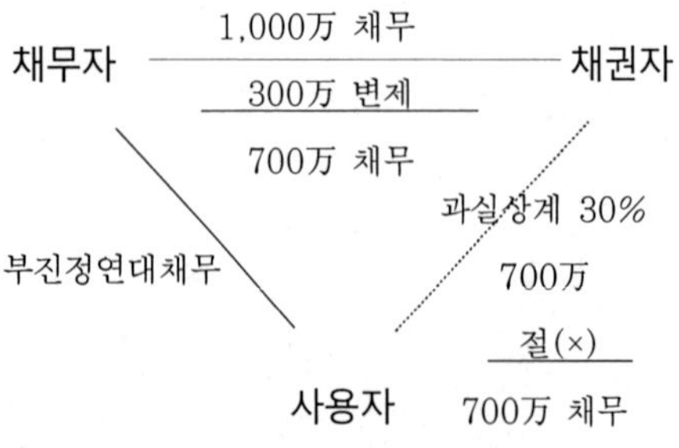

외측설: 금액이 많은 채무의 일부가 변제 등으로 소멸하는 경우 그 중 먼저 소멸하는 부분은 단독으로 채무를 부담하는 부분

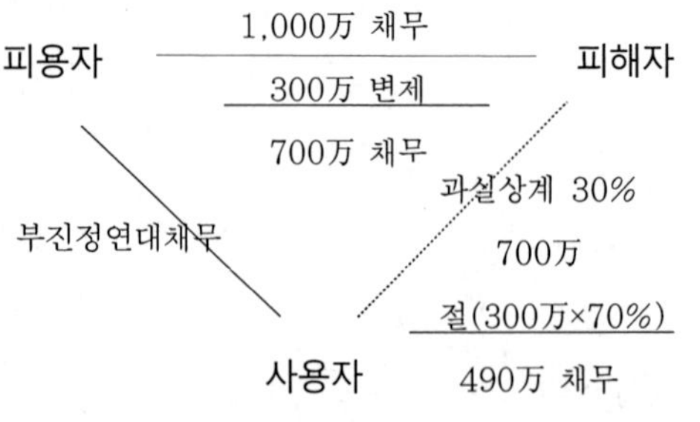

안분설: 많은 손해액을 배상할 의무가 있는 자가 손해액의 일부를 변제, 적은 범위의 손해배상 책임만을 부담하는 쪽의 과실비율에 상응하는 부분만큼만 소멸

(2) 대내적 효력

◦ 구상권
- ×
- ○
  - 법률규정(§756③)
  - 공동불법행위 - 과실비율에 따라 判
    → 일반 원칙화(判)

◦ 공 · 불
- 통 · 판-부진정연대채무
- 송 -연대채무,

	〈연대채무〉	〈부진정연대채무〉	공동불법행위
대외적효력		유추○	○
절대적효력 – 변, 대, 공		○	○
절대적효력 – §416~§422		×	×
구상권 §425~		×	○

송연대채무 절대적 효력 제한○

Ⅵ. 연대채권

제5절 보증채무

Ⅰ. 서 설

1. 보증채무의 의의

인적 담보

보증인보호를 위한 특별법은 「보증에 관하여 「민법」에 대한 특례를 규정함으로써 아무런 대가 없이 호의(好意)로 이루어지는 보증으로 인한 보증인의 경제적·정신적 피해를 방지하고, 금전채무에 대한 합리적인 보증계약 관행을 확립함으로써 신용사회 정착에 이바지함을 목적으로 한다」(동법 제2조 1호). 그 법의 규정은 편면적 강행규정이다(동법 제11조).

2. 보증채무의 법적 성질

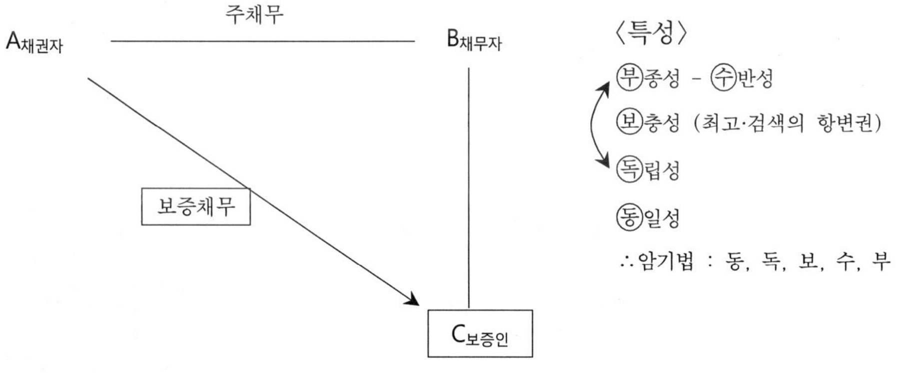

(1) 채무의 독립성
(2) 주채무와 동일한 내용의 채무
(3) 부종성
(4) 수반성
(5) 보충성

3. 보증채무의 종류

(1) 연대보증
(2) 공동보증
(3) 근보증(신용보증)
(4) 부보증
(5) 구상보증(역보증)
(6) 배상보증

Ⅱ. 보증채무의 성립

1. 보증계약

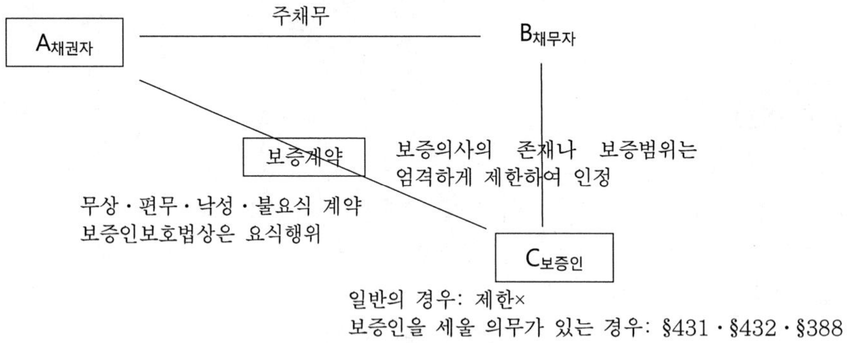

※ 명의대여자의 책임(대판 2002.12.10. 2002다47631)

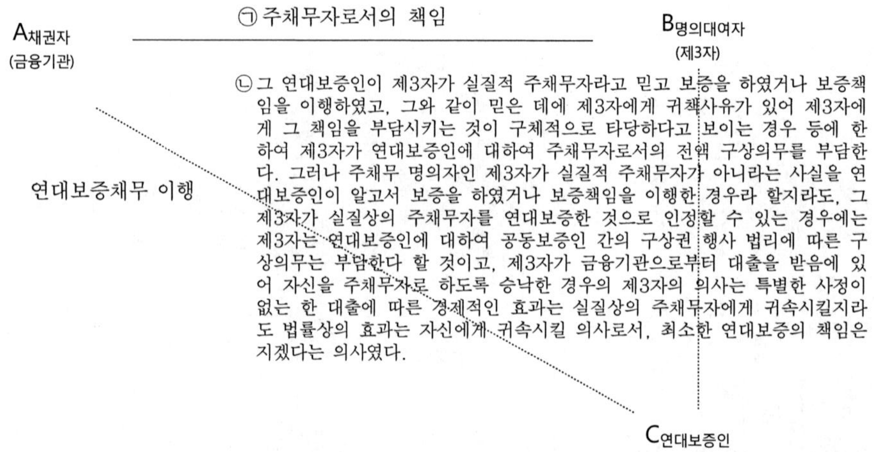

2. 보증채무의 성립에 관한 요건

(1) 주채무에 관한 요건

1) 주채무가 있을 것

2) 주채무는 대체적 급부를 내용으로 할 것

3) 장래의 채무·조건부 채무의 내용

4) 취소의 원인 있는 채무를 보증한 경우

(2) 보증인에 관한 요건

1) 일반의 경우

2) 보증인을 세울 의무가 있는 경우

┌ 보증인은 행위능력 및 변제자력이 있는 자(§431①)
├ 변제자력이 없게 된 때 → 보증인의 변경을 청구(§431②)
└ 다른 상당한 담보를 제공함으로써 보증인을 세울 의무 × (§432)

Ⅲ. 보증기간

민법은 보증기간에 관하여 명문의 규정을 두고 있지 않다.

보증인보호법은 특별규정을 두고 있다.

> 보증인보호를 위한 특별법 제7조 (보증기간 등)
> ① 보증기간의 약정이 없는 때에는 그 기간을 3년으로 본다.
> ② 보증기간은 갱신할 수 있다. 이 경우 보증기간의 약정이 없는 때에는 계약체결 시의 보증기간을 그 기간으로 본다.<개정 2010.3.24>
> ③ 제1항 및 제2항에서 간주되는 보증기간은 계약을 체결하거나 갱신하는 때에 채권자가 보증인에게 고지하여야 한다.<신설 2010.3.24>
> ④ 보증계약 체결 후 채권자가 보증인의 승낙 없이 채무자에 대하여 변제기를 연장하여 준 경우에는 채권자나 채무자는 보증인에게 그 사실을 알려야 한다. 이 경우 보증인은 즉시 보증채무를 이행할 수 있다.

Ⅳ. 보증채무의 내용

※ 보증채무의 범위

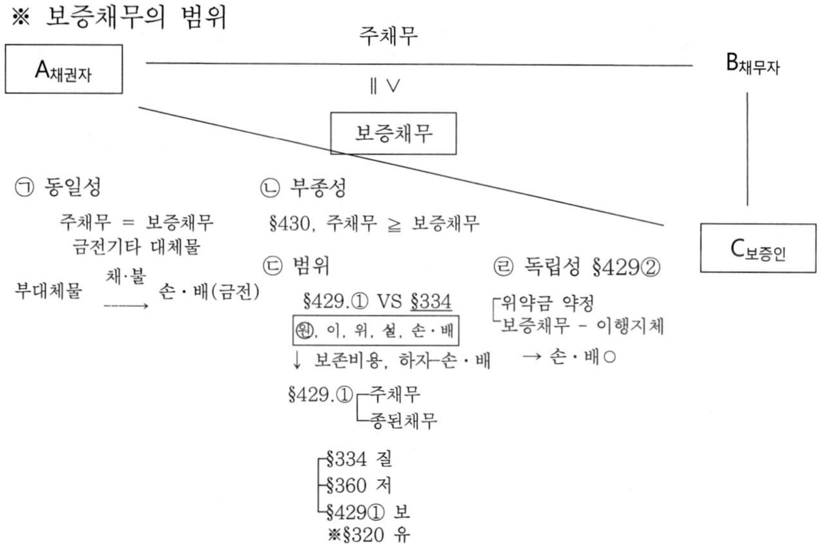

(1) 보증채무의 목적

(2) 보증채무의 범위

(3) 보증채무의 모습

(4) 보증채무에 대한 손해배상액의 예정

V. 보증채무의 대외적 효력

1. 채권자의 이행청구와 채무자의 이행

보증인 항변권
- 부종성: 주채무의 항변권(§433 · §434 · §435)
- 보충성: 최고 · 검색의 항변권(§437) ※연대보증×

채권자 —이행청구○→ 보증인

채권자 ←이행○— 보증인

(1) 채권자의 이행청구

1) 서 설

2) 보증인보호법상 채권자의 통지의무

> 보증인보호를 위한 특별법 제5조 (채권자의 통지의무 등)
>
> ① 채권자는 주채무자가 원본, 이자 그 밖의 채무를 3개월 이상 이행하지 아니하는 경우 또는 주채무자가 이행기에 이행할 수 없음을 미리 안 경우에는 지체 없이 보증인에게 그 사실을 알려야 한다.
>
> ② 채권자로서 보증계약을 체결한 금융기관은 주채무자가 원본, 이자 그 밖의 채무를 1개월 이상 이행하지 아니하는 경우에는 지체 없이 그 사실을 보증인에게 알려야 한다.
>
> ③ 채권자는 보증인의 청구가 있으면 주채무의 내용 및 그 이행 여부를 보증인에게 알려야 한다.
>
> ④ 채권자가 제1항부터 제3항까지의 규정에 따른 의무를 위반한 경우에는 보증인은 그로 인하여 손해를 입은 한도에서 채무를 면한다.<신설 2010.3.24>

3) 보증인의 권리

- 부종성에 기한 권리: §433(항변) · §434(상계) · §435(이행거절)
- 보충성에 기한 권리: §437 · §438(최고 · 검색의 항변권)

(2) 채무자의 이행

2. 주채무자 또는 보증인에게 생긴 사유의 효력

주채무자 —절대적효력→ 보증인

보증인 → 주채무자
- 상대적효력
- 절대적효력: 변제, 대물변제, 공탁, 상계

(1) 주채무자에 관하여 생긴 사유의 효력

1) 주채무의 소멸

2) 주채무에 대한 시효중단

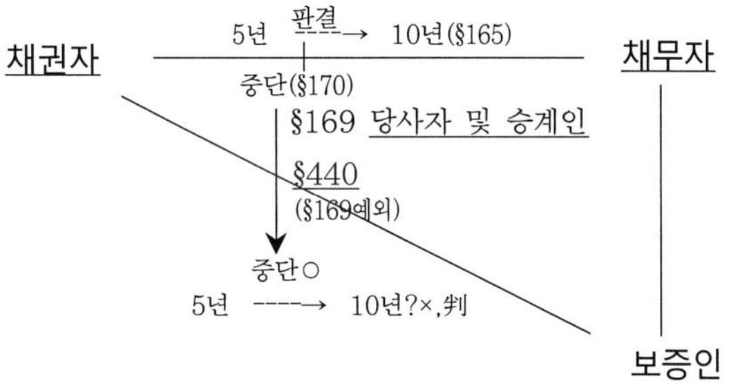

(2) 보증인에 관하여 생긴 사유의 효력

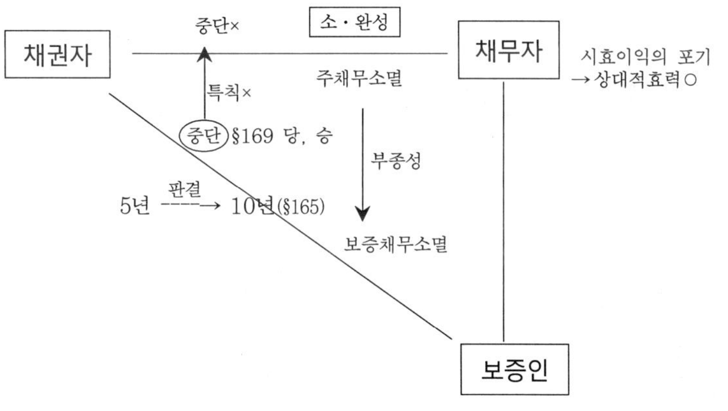

Ⅵ. 보증채무의 대내적 효력(구상관계)

1. 서 설

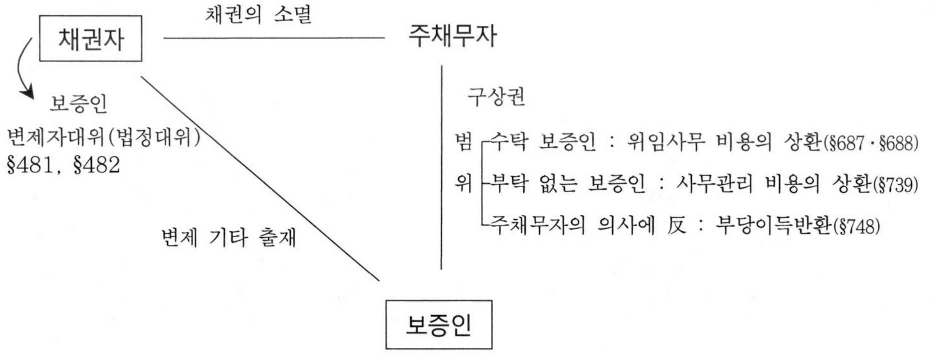

2. 수탁보증인의 구상권

(1) 면책행위에 의한 구상권

수탁보증인이 과실 없이 변제 기타 출재로 주채무를 소멸하게 한 때(§441①)

(2) 사전구상권

┌§442 : 재, 파, 5, 이 → 암기법: 5이재파(종)
└§443 : 주채무자의 면책청구권, 담보제공청구권

(3) 구상권의 범위

§441②, §425② 준용 → 출재액+법정이자+필요비+손·배

(4) 구상권의 제한(§445 · §446)

┌ 보증인 — ⓣ 사전・사후 2번통지 ---------→ 주채무자
└ 주채무자 — 사후통지 ------→ 수탁보증인

3. 부탁 없는 보증인의 구상권

※ ┌주채무자의 부탁× - 그 당시에 이익을 받은 한도에서(사무관리)
└주채무자의 의사反 - 현존이익의 한도에서(부당이득)

수탁보증인과 다른 점
┌사전구상권×
├범위 다름
└주채무자의 통지의무×

<수탁보증인과 그 외의 보증인의 구상관계에 관한 차이점>

<table>
<tr><th></th><th>수탁보증인</th><th>그 외의 보증인</th></tr>
<tr><td>구상권의 범위</td><td>• 출재액과 면책된 날 이후의 법정이자 및 피할 수 없는 비용 기타 손해배상(제441조 2항, 제425조 2항)</td><td>• 주채무자의 부탁이 없는 보증인: 그 당시에 이익을 받은 한도(제444조 1항)
• 주채무자의 의사에 반하는 보증인: 현존이익의 한도(제444조 2항)</td></tr>
<tr><td>구상권행사의 시기</td><td>• 사후구상 원칙
• 사전구상권의 인정(제442조)</td><td>• 사후구상
• 사전구상권의 불인정</td></tr>
<tr><td rowspan="2">통지의무</td><td colspan="2">보증인(→주채무자)의 사전・사후(2번) 통지의무(제445조)</td></tr>
<tr><td>주채무자(→보증인)의 (사후)면책통지의무 있음(제446조)</td><td>주채무자(→보증인)의 (사후)면책통지의무 없음(제446조)</td></tr>
</table>

4. 주채무자가 수인 있는 경우의 구상관계

※ 주채무자 전원을 위하여 보증인이 된 경우

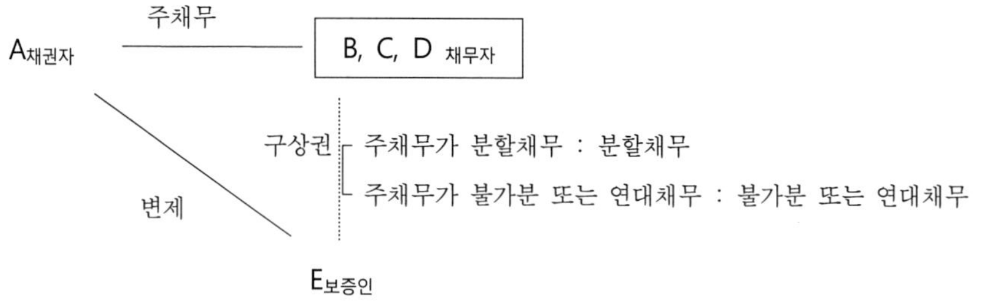

※ 주채무자 1인만을 위하여 보증인이 된 경우

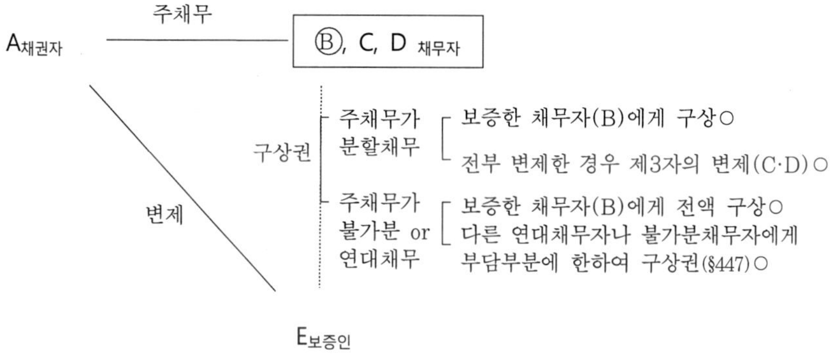

5. 보증인의 변제에 의한 대위권

§481의 법정대위

Ⅶ. 특수한 보증

- ☆연대보증
- ☆공동보증
- ☆☆계속적 보증
- 신원보증

1. 연대보증★

(1) 의의 및 성질

◦ △(연대) 보증	VS	보증 △(연대)
주채무자와 연대		보증인 상호간 연대
전부급부의무○ - 분별의 이익×		전부급부의무○
보충성× - 최고·검색의 항변권×		보충성○ - 최·검○

(2) 연대보증의 성립

연대의 특약을 하는 때, 최고·검색의 항변권을 포기하는 때, 상법 §57②

(3) 효 력

1) 대외적 효력

2) 대내적 효력

2. 공동보증★

(1) 의 의

보통의 보증, 연대보증, 보증연대의 세 가지가 있다.

(2) 채권자에 대한 관계

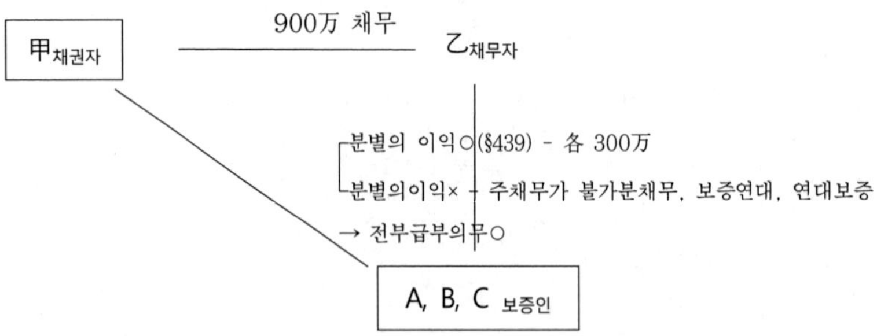

1) 분별의 이익

2) 분별의 이익이 없는 경우

(3) 공동보증인 사이의 구상관계

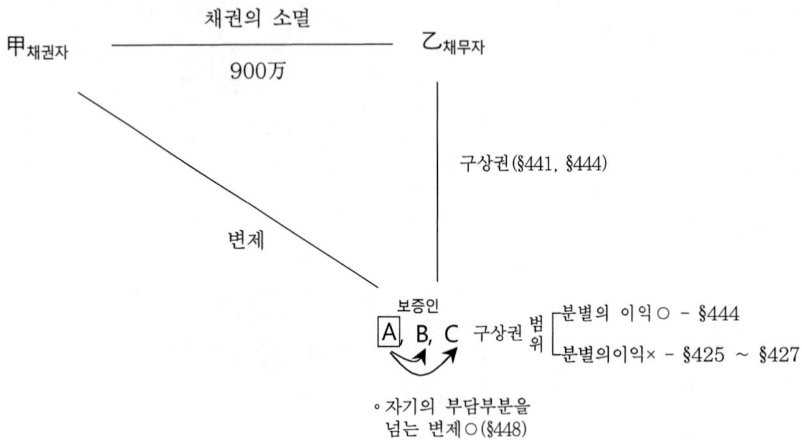

1) 분별의 이익이 있는 경우

부탁을 받지 않은 보증인의 구상권에 관한 규정(§444)을 준용한다(§448①).

2) 분별의 이익이 없는 경우

연대채무자의 구상권에 관한 규정(§425~§427)을 준용한다(§448②).

判) 일부보증을 한 경우

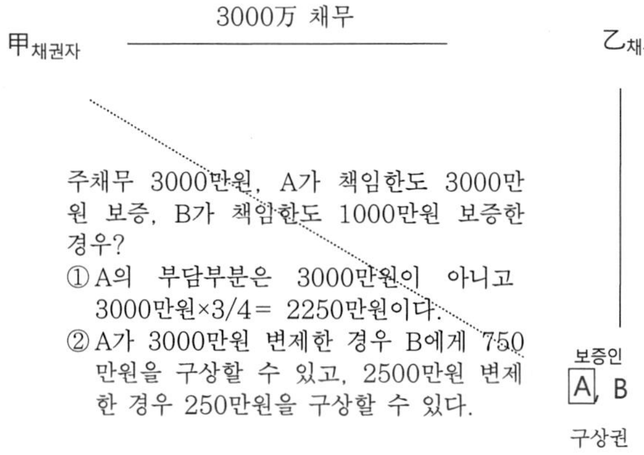

判) 일부보증을 한 경우에 보증인 중 1인이 채무의 전액이나 자기의 부담부분 이상을 변제함으로써 다른 보증인의 책임한도가 줄어들게 되어 공동으로 면책이 되었다면 다른 보증인에 대하여 구상을 할 수 있고, 그 부담부분의 비율에 대하여는 그들 사이에 특약이 있으면 당연히 그에 따르되 그 특약이 없는 경우에는 각자 보증한도액의 비율로 부담하게 된다.

3. 계속적 보증★★

(1) 의 의

(2) 신용보증(근보증)

1) 의 의

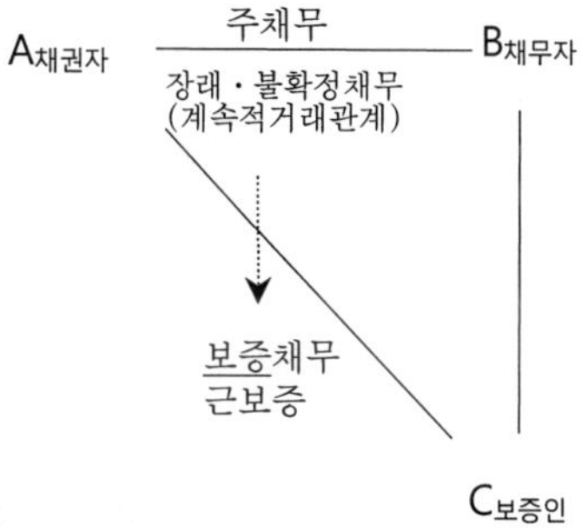

判		〈근보증〉	vs 〈일반보증〉
	책임한도액의 제한	해석상○	○
		신의칙○	○
	해지권	임의해지권×	×
		특별해지권○(사정변경)	×
보호	상속의 부정? (보증인의 지위)	한정근보증 - 상속○	상속○
		포괄근보증 - 상속× (기왕에 발생된 채무○)	

2) 책임의 범위

보증한도액을 미리 정할 수도 있고 정하지 않을 수도 있다.

보증인보호법은 특별규정을 두고 있다.

> 보증인보호를 위한 특별법 제6조 (근보증)
>
> ① 보증은 채권자와 주채무자 사이의 특정한 계속적 거래계약이나 그 밖의 일정한 종류의 거래로부터 발생하는 채무 또는 특정한 원인에 기하여 계속적으로 발생하는 채무에 대하여도 할 수 있다. 이 경우 그 보증하는 채무의 최고액을 서면으로 특정하여야 한다.
>
> ② 제1항의 경우 채무의 최고액을 서면으로 특정하지 아니한 보증계약은 효력이 없다.

3) 해 지

4) 보증인이 사망한 경우

4. 신원보증

(1) 의 의

(2) 신원보증법의 내용

제7장 채권양도와 채무인수

제1절 채권의 양도

제1관 서 설

Ⅰ. 채권양도의 의의 및 법적 성질

1. 의 의

※ 채권양도

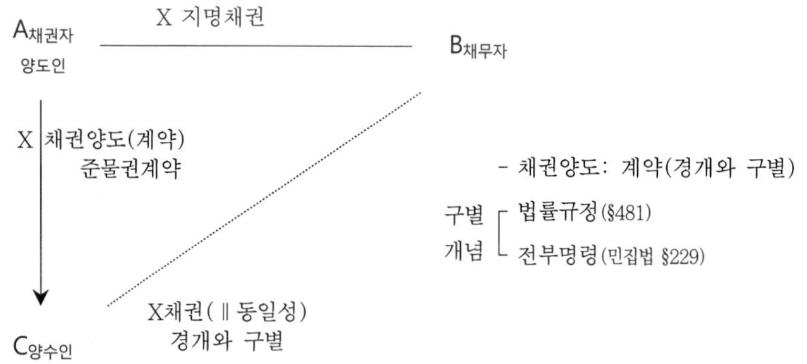

※ 변제자대위

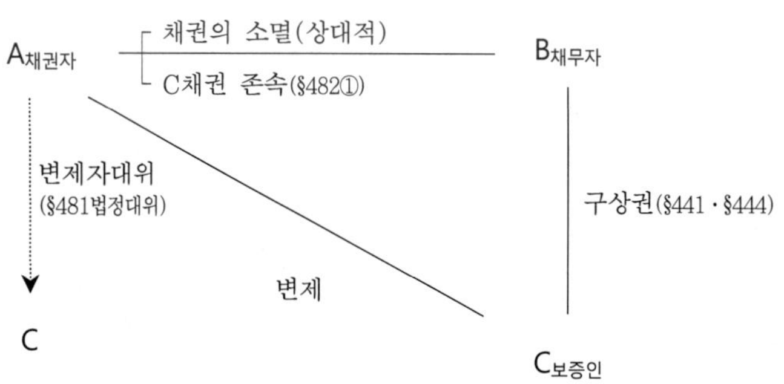

※ 전부명령

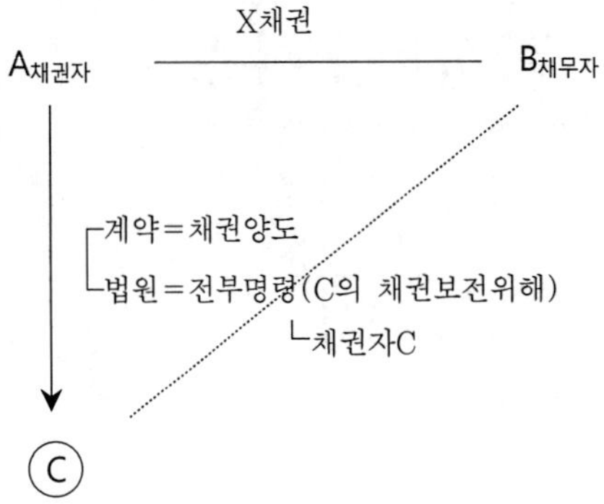

vs 추심명령

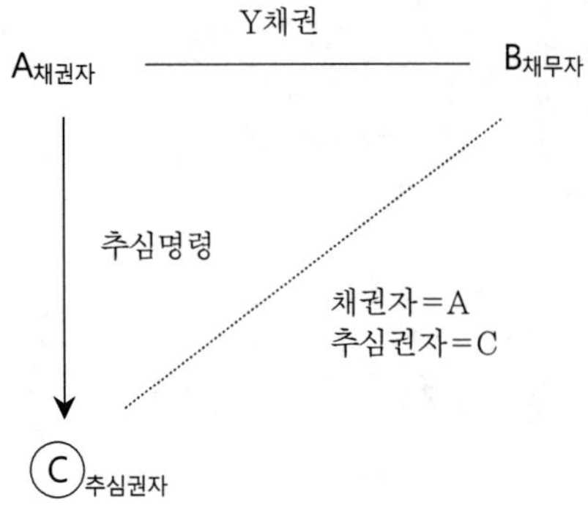

2. 법적 성질

(1) 처분행위

(2) 낙성 · 불요식의 계약인지 여부

(3) 준물권계약

1) 지명채권의 경우

2) 증권적 채권의 경우

(4) 채권의 동일성 유지

채권은 동일성을 유지하면서 양수인에게 이전

┌ 그 채권에 종속된 권리(예: 이자채권, 보증채권)도 양수인에게 이전
└ 그 채권에 붙어 있는 각종의 항변권(예: 동시이행의 항변권 등)도 그대로 존속

Ⅱ. 채권양도의 모습

(1) 매매 · 증여의 목적으로 하는 양도

(2) 다른 채권을 담보할 목적으로 하는 양도(매도담보 또는 양도담보)

(3) 추심을 목적으로 하는 양도

제2관 지명채권의 양도

Ⅰ. 지명채권의 양도성

1. 지명채권의 의의

지명채권
- 채권자가 특정되어 있는 채권
- ex) 임차인의 보증금반환채권

2. 양도의 원칙

〈지명채권의 양도성〉

- 원칙 - 양도성 ○ ex) 채권액이 확정되지 않은 채권・장래의 채권・가압류된 채권 ○
- 제한
  - 성질 ㊫
    - 채권 사이에 주・종의 관계가 있는 경우의 종된 채권(예: 보증채권)×
    - 전세금반환청구권×
    - 소유권이전등기청구권× / ○
    - 근로자의 임금채권○
  - 의사표시
    - 합의로 금지 ∴ 압류・전부명령○
    - 선의의 제3자에 대항×
  - 법률규정 ex) 부양청구권・각종의 연금청구권・재해보상청구권・국가배상청구권 등

※ 가압류된 채권의 양도성(判)

甲채권자 —— A채무자

피보전채권의 존재

가압류된 지명채권

B제3채무자

∴가압류의 효력

① 처분금지효 - 이에 위반하는 채무자의 양도, 저당권설정 등 처분행위는 당사자간에는 유효하지만 적어도 가압류채권자에 대한 관계에서 상대적으로 무효가 된다.

② 지급금지명령 -「채권의 가압류에는 제3채무자에 대하여 채무자에게 지급하여서는 아니 된다는 명령만을 하여야 한다」(민집법 §276③).

判) 가압류된 채권도 이를 양도하는데 아무런 제한이 없다. … 채권가압류의 처분금지의 효력은 … 채권자가 본안소송에서 승소하는 등으로 채무명의를 취득하는 경우에는 가압류에 의하여 권리가 제한된 상태의 채권을 양수받는 양수인에 대한 채권양도는 무효가 된다.

3. 양도의 제한

(1) 채권의 성질에 의한 제한

(2) 당사자의 의사표시에 의한 제한

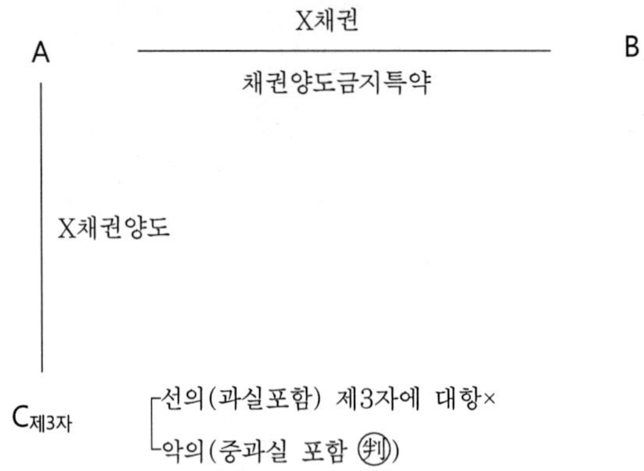

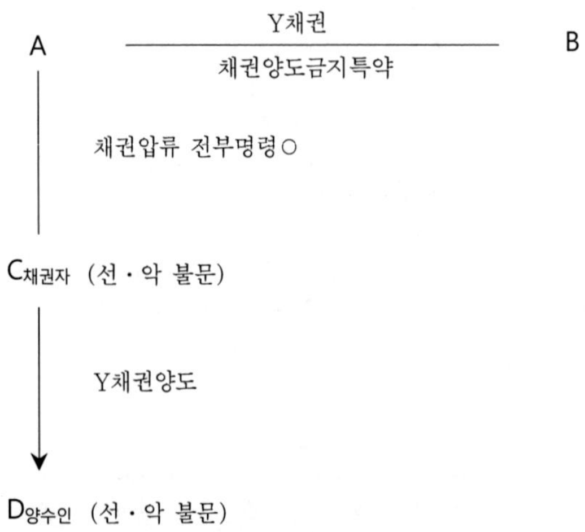

(3) 법률에 의한 양도금지

소송행위를 하게 하는 것을 주목적으로 하는 채권양도 × 判

Ⅱ. 지명채권양도의 대항요건★★(2차)

1. 서 설

┌§450① 채무자: 이중지급 위험 면함 / 임의규정
└§450② 제3자: 양수인간 우열결정 / 강행규정

2. 채무자에 대한 대항요건

(1) 대항요건의 두 가지

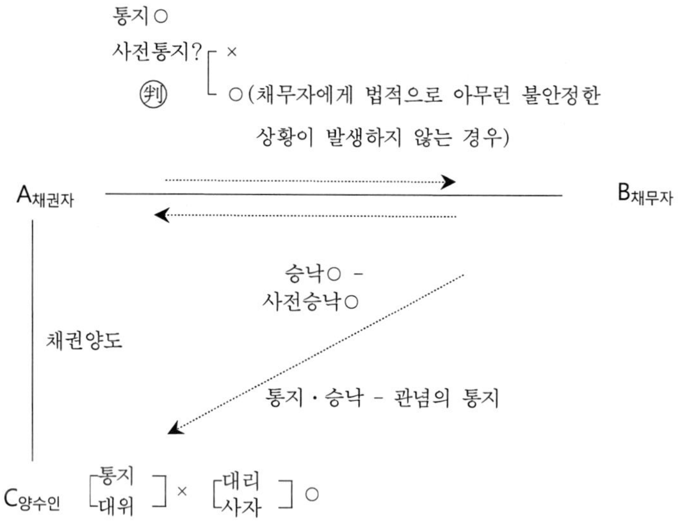

1) 채무자에 대한 양도인의 통지

- 관념의 통지로서, 의사표시(§107 이하)·도달주의(§111)·대리(§114) 등 유추적용○
- 사전통지? ┌ 원칙적 ×
  判 └ 예외적 ○(채무자에게 법적으로 아무런 불안정한 상황이 발생하지 않는 경우)

2) 채무자의 승낙

- 관념의 통지로서, 채무자가 양도인과 양수인 중 누구에게라도 할 수 있음○
- 사전승낙○

(2) 채권양도가 해제 · 취소된 경우의 문제

양수인으로부터 채무자에게 통지(통설·판례)

(3) 통지나 승낙이 없는 동안의 효력

- 양수인은 채권양도를 채무자에게 주장×
- 채무자가 채권양도의 효력을 인정○

(4) 통지 · 승낙의 효력

1) 통지의 효력

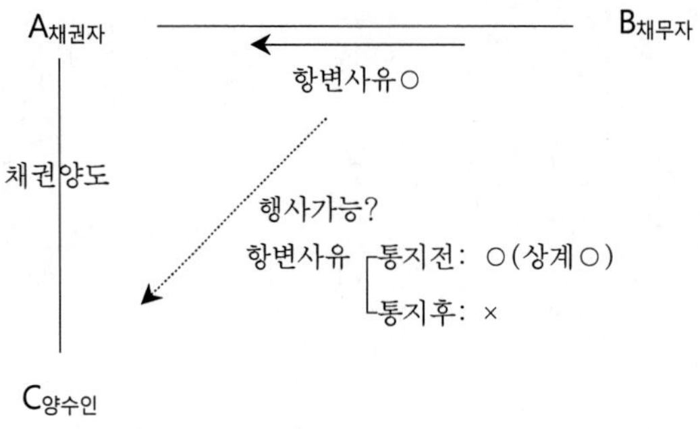

2) 승낙의 효력

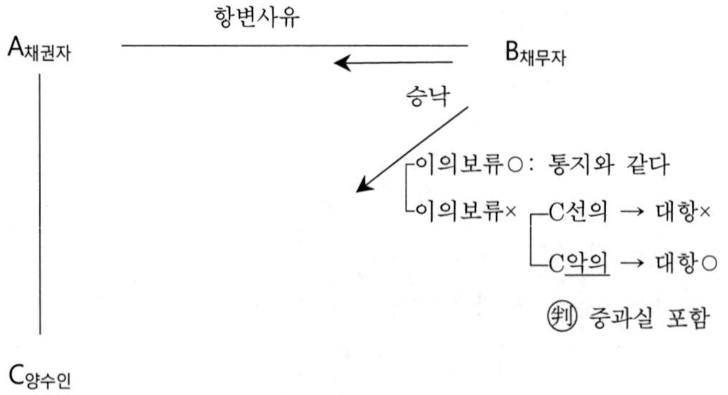

3. 채무자 이외의 제3자에 대한 대항요건

(1) 서 설

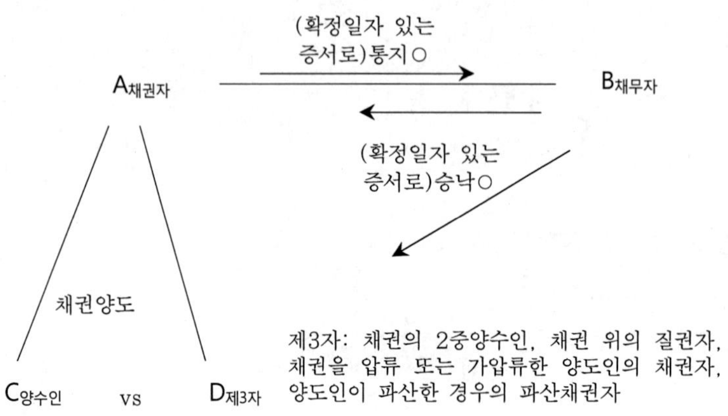

(2) 확정일자

(3) 제3자

(4) 「대항한다」는 것의 의미 - 우열을 정하는 것

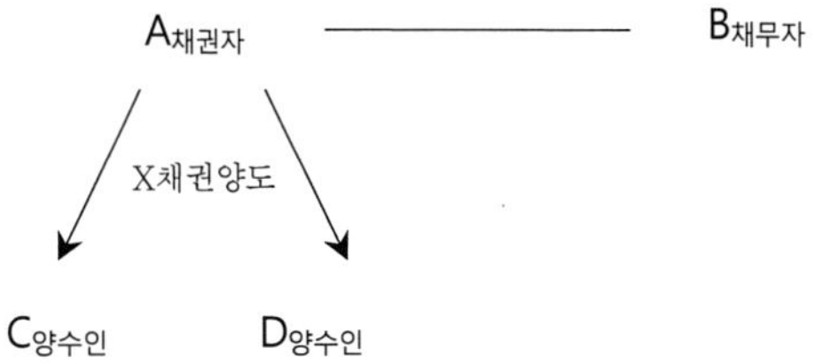

※ C에게 양도 후 변제
D 확정일자○ → 제2의 양도는 무효] 우열문제 발생×

※ C와 D의 우열문제
- 확정일자× VS 확정일자○ : ○가 우선
- 둘 다 확정일자× : ㊪ 통지의 도달의 선후로 결정
- 확정일자○ VS 확정일자○ : 확정일자기준설㊧ VS 도달시설㊪

ex) C , D

12/3 → 12/6 (확정일자 → 도달)　　12/4 → 12/5 (확정일자 → 도달)

㊪ 동시도달 → C, D 모두 채권자
　채무자 → C, D 변제○
　채권자 불확지 원인 변제공탁○(이중지급위험 면함)
　변제수령○ 내부적으로 안분정산

제3관 증권적 채권의 양도

Ⅰ. 서 설

Ⅱ. 지시채권의 양도

배서+교부

Ⅲ. 무기명채권의 양도

교부

Ⅳ. 지명소지인출급채권의 양도

Ⅴ. 면책증서(면책증권)

제2절 채무의 인수

Ⅰ. 채무인수의 의의 및 법적 성질

1. 의 의

※ 면책적 채무인수

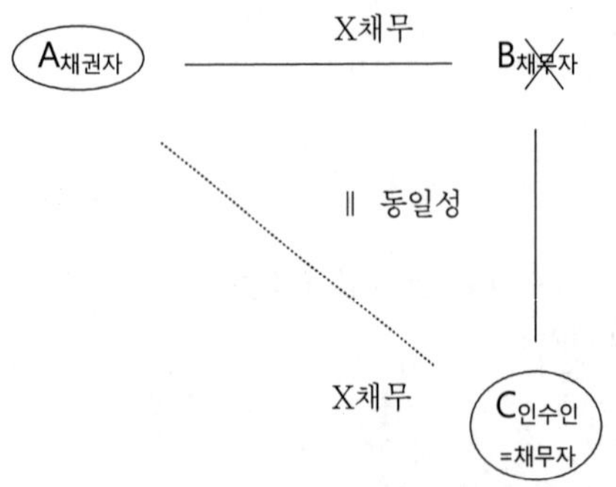

2. 법적 성질

Ⅱ. 채무인수의 요건

1. 채무에 관한 요건

2. 인수계약의 당사자

(1) 채권자 · 채무자 · 인수인이 당사자로 되는 경우

계약자유

(2) 채권자와 인수인이 당사자로 되는 경우

이해관계 없는 제3자 → 채무자의 의사 反×

(3) 채무자와 인수인이 당사자로 되는 경우

채권자의 승낙 필요 - 채무자 or 인수인 승낙 여부 최고○

→ 확답× = 승낙거절 간주

(§455②) 발신주의

- 도달주의 §111
- 발신주의 - §15, §71, §131, §455②, §531(사, 무, 인수, 격, 무)

Ⅲ. 채무인수의 효과

※ 면책적 채무인수

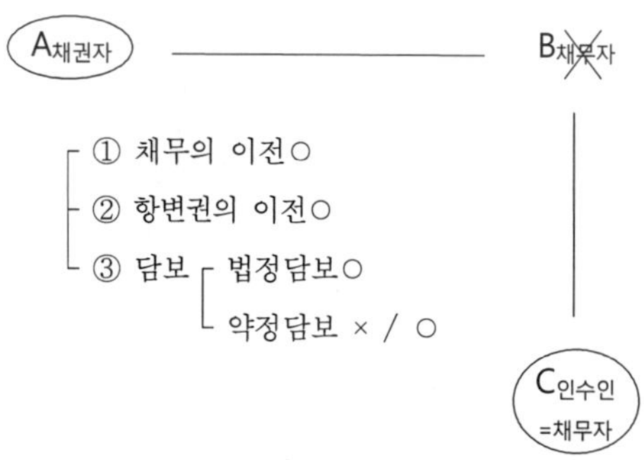

(1) 채무의 이전

(2) 항변권의 이전

(3) 종된 채무와 담보

Ⅳ. 채무인수와 유사한 제도★★(2차)

1. 병존적 채무인수

(1) 의 의

※ 면책적 채무인수

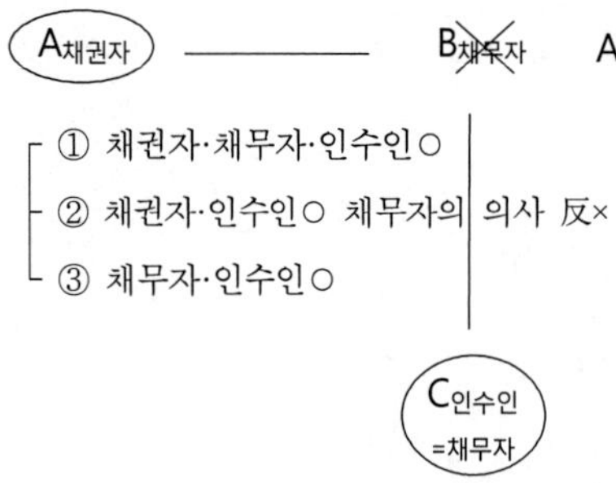

※ (중첩적)병존적 채무인수 - 인적 담보

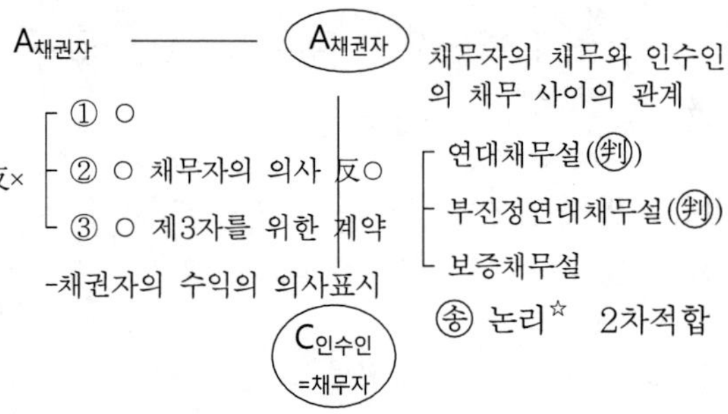

*면책적 채무인수인지 병존적 채무인수인지는 계약의 해석에 의하여 결정할 문제인데, 불분명한 때에는 병존적 채무인수로 해석(通·判)

(2) 요 건

(3) 효 과

2. 이행인수

※ 이행인수

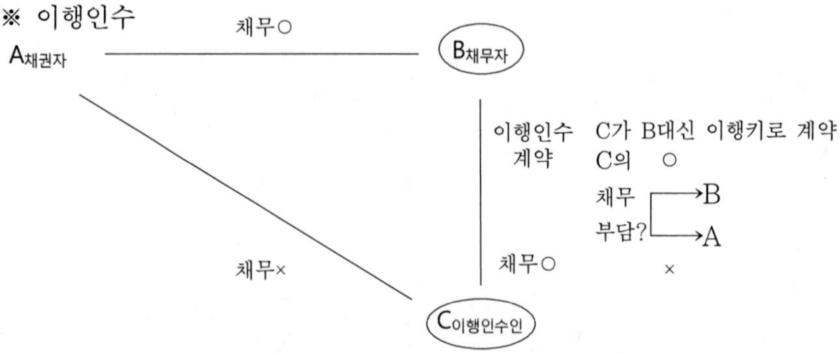

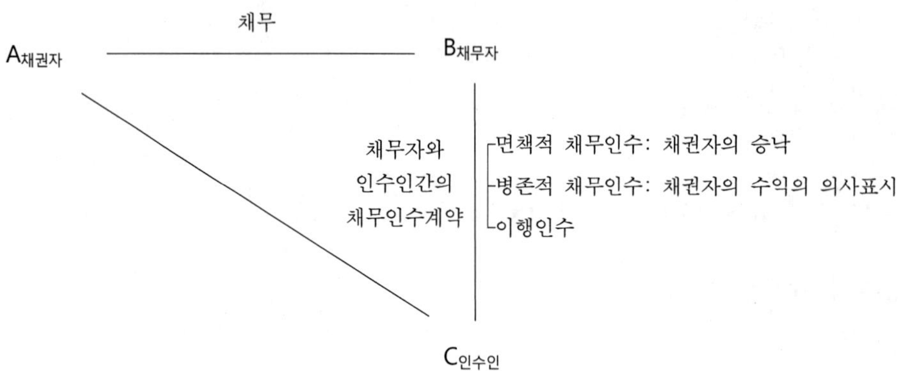

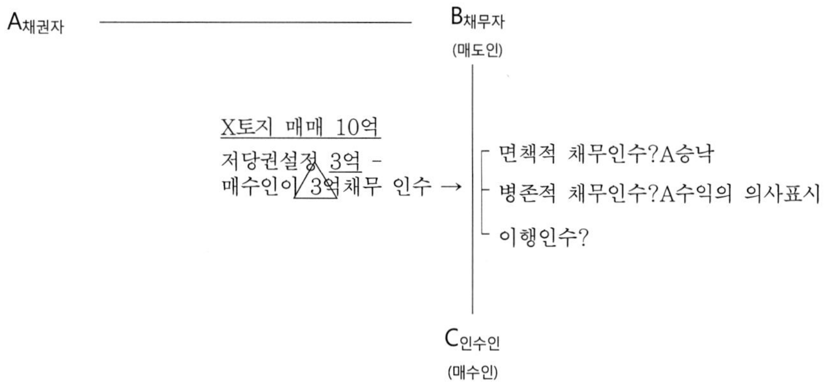

3. 계약인수

계약인수는 본래의 계약당사자와 양수인의 3면계약으로 할 수 있음은 물론이나, 양도인·양수인의 합의와 남은 당사자의 동의 또는 승낙에 의하여서도 할 수 있다(대판 2007.9.6. 2007다31990). 판례는 임대인의 지위의 양도에 관하여는 완화된 모습을 보인다(대결 1998.9.2. 98마100).

※ 임대인의 지위의 양도(대결 1998.9.2. 98마100)

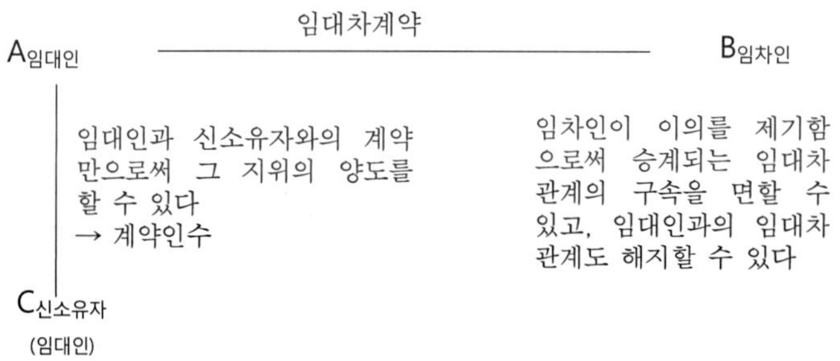

※ 대판 1996.2.27. 95다21662

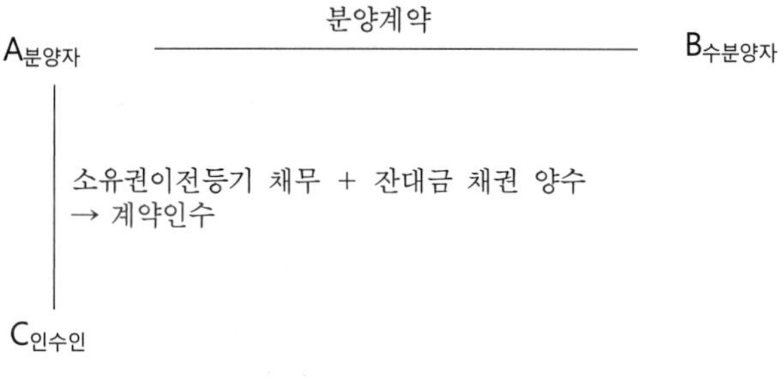

4. 계약가입

- 병존적 계약인수
- 계약자유 내지 사적 자치의 원칙

제8장 채권의 소멸

제1절 서 설

- 목적달성으로 인한 소멸 : 변제, 대물변제, 공탁, 상계
- 기타 원인 : 경개, 면제, 혼동

제2절 변 제★★

Ⅰ. 변제의 의의 및 성질

변제의 당사자

채권자 (변제수령자) ——— 채무자 (변제자)

변제의 내용

- ☆변제의 제공
- 변제의 효과
  - ☆변제충당
  - ☆변제자대위

Ⅱ. 변제자

변제수령자 ——— 변제자

- 채무자
- 제3자
  - ○
  - × : 성질, 의사표시, 이해관계 없는 제3자

1. 채무자

2. 제3자

(1) 원 칙

(2) 예 외

1) 채무의 성질에 의한 제한

2) 당사자의 의사표시에 의한 제한

3) 이해관계 없는 제3자의 변제의 제한

이해관계 없는 제3자는 채무자의 의사에 반하여 변제 × (§469②)

Ⅲ. 변제수령자

1. 의 의

변제수령자 ———————— 변제자

‖

- 채권자
  - ○
  - ×: 압류·가압류, 채권질권 설정, 파산
- 제3자
  - ×
  - ○

2. 채권자

(1) 원 칙

(2) 예 외

3. 채권자 이외의 변제수령자

(1) 수령권한이 있는 자

(2) 표현수령권자

1) 채권의 준점유자(제470조)★(2차)

※ 채권의 준점유자에 대한 변제(§470)

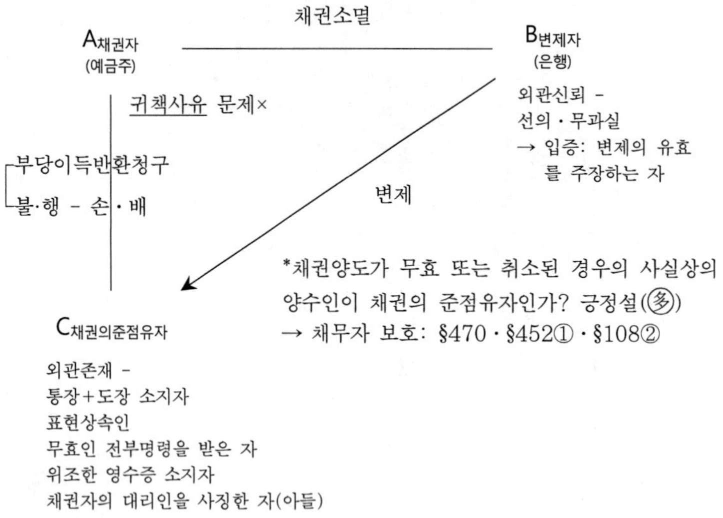

2) 영수증 소지자(제471조)

※ 영수증소지자에 대한 변제(§471)

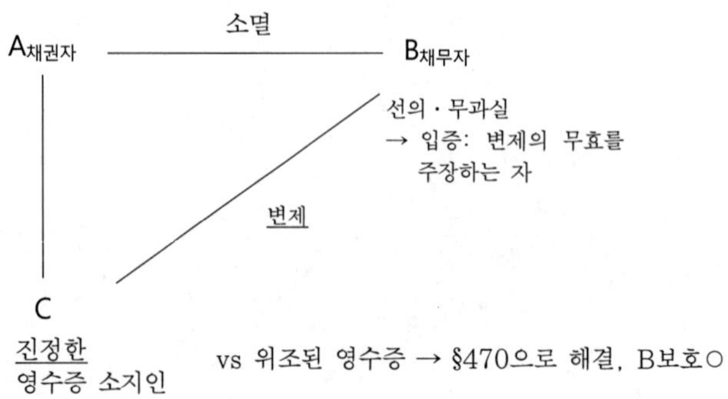

3) 증권적 채권의 증서의 소지인

4. 수령권한 없는 자에 대한 변제

Ⅳ. 변제의 목적물

(1) 특정물의 현상인도

§462

(2) 타인의 물건의 인도

(3) 양도능력 없는 소유자의 물건인도

Ⅴ. 변제의 장소

§467 - 당사자의 의사표시 또는 채무의 성질

변제의 장소 ┌ 특정물채권 - 채권성립 당시 그 물건이 있던 장소
└ 기타 채무 - 채권자의 현주소(지참채무 원칙)

Ⅵ. 변제의 시기

변제기 전의 변제(§468) ○

Ⅶ. 변제비용의 부담

§473

Ⅷ. 변제의 증거

(1) 영수증청구권

§474

영수증청구권은 일부변제, 대물변제의 경우○

변제와 영수증 교부는 동시이행의 관계○

(2) 채권증서 반환청구권

변제자가 채무 전부를 변제한 때에 인정되며(§475), 일부변제자에게는 인정×

채권증서의 반환과 변제는 동시이행관계에 있지 않으며, 변제가 선이행○

Ⅸ. 변제의 충당★★(2차)

1. 서 설

※ 변제충당

A채권자 —— 2천500만 변제 —— B채무자

- X채무: 1천만
- Y채무: 2천만
- Z채무: 3천만

- §476 ~ §479 임의규정
- 합의충당 → 지정충당 → 법정충당

※ 대여금 반환청구

1) 소송물

①소비대차계약에 기한 대여금반환청구권 + ②이자 + ③지연손해금

- 단순병합으로 소송물 3개

A원고 —— B피고

2) 청구취지

*이율 월 2%의 이자지급의 약정이 있는 경우 청구취지는, "피고는 원고에게 금 1,000,000원 및 이에 대하여 2011. 2. 10.부터 다 갚는 날까지 약정이율인 연 24%의 비율에 의한 이자 및 지연손해금을 지급하라"와 같다.

3) 청구원인 → 4) 피고의 항변

①대여금반환청구
②부대청구-이자청구
③부대청구-지연손해금청구

4) 피고의 항변

*변제의 항변(B(또는 제3자)가 A에 대하여 채무의 내용에 따른 이행을 한 것, 위 이행이 그 채무에 대하여 이루어진 것 - B는 A에 대하여 본건 대여금지급채무의 이행으로 금 1,100만원을 지급한 사실이 있다. 증거로 영수증 무통장입금증 등)

5) 재항변 → 6) 재재항변

*피고의 변제항변에 대하여 원고는 다른 채권을 변제받은 것이라고 다툴 수 있음
- 변제충당의 재항변

6) 재재항변

*변제충당의 재항변에 대하여 동종 채무가 발생하지 않거나 소멸한 사실을 주장

2. 민법규정과 변제충당의 방법

3. 합의충당(계약충당)

합의충당
- 합의충당은 모든 것에 우선
- 비용 → 이자 → 원본의 제한×
- 담보권실행경매 → 법정충당(判)

4. 지정충당

지정권자 ┌ 1차적으로 변제자B, A는 이의×
└ 2차적으로 수령자A, B는 즉시 이의○ → 법정충당 ㊟

제한 – ⓑ용 → ⓘ자 → ⓦ본

(1) 변제자의 지정

(2) 변제수령자의 지정

(3) 지정충당에 대한 제한

5. 법정충당

법정충당 ┌ 합의충당도 지정충당도 없는 경우
├ 비용 → 이자 → 원본
└ 비용 상호간, 이자 상호간, 원본 상호간 → ☆㉠, ㉡, (한), ㉢, ㉣

채무 중에 이행기가 도래한 것과 도래하지 않은 것이 있으면 이행기가 도래한 채무의 변제에 충당한다(제477조 1호).

채무 전부의 이행기가 도래하였거나 도래하지 아니한 때에는 채무자에게 변제이익이 많은 채무의 변제에 충당한다(제477조 2호). 변제이익은 변제자를 기준으로 판단하여야 한다(대판 1999.8.24. 99다22281).

채무자에게 변제이익이 같으면 이행기가 먼저 도래한 채무나 먼저 도래할 채무의 변제에 충당한다(제477조 3호). 채무이행의 기한이 없는 경우에는 그 채무가 발생한 때로부터 채권자는 이행을 청구할 수 있으므로, 그 채무가 발생한 때를 이행기가 도래한 때로 보는 것이 통설이다.

이행기가 동시에 도래하고 변제이익이 같은 채무는 그 채무액에 비례하여 충당한다(제477조 4호).

X. 변제의 제공★

1. 변제제공의 의의

채무의 이행에 채권자의 협력이 필요한 채무 → 채무자보호

2. 변제제공의 방법

(1) 개 관

현실의 제공이 민법상 변제의 제공의 원칙(§460 본문)

(2) 현실의 제공

1) 변제제공자

2) 변제제공의 상대방

3) 변제제공의 장소

4) 변제제공의 시기

5) 급부의 적합성

┌① 금전채무: 전액(일부제공×), 현금(어음・수표×, 우편환・자기앞수표○)
│② 금전 이외의 물건을 목적으로 하는 채무
└③ 등기이전채무: 등기소 기타 약속장소에 감, 법무사 사무실에 제공

(3) 구두의 제공

변제준비를 완료하고 수령 기타 협력을 최고(§460 단서)

┌채권자의 수령거절
└채권자의 선행적 협력

(4) 구두의 제공조차 필요하지 않은 경우

┌채권자의 수령거절의사가 명백
└회귀적 급부채무에서 전회의 수령거절

3. 변제제공의 효과

(1) 채무불이행책임의 면제

§461, 그러나 채무소멸 × (변제공탁 : 채무소멸)

(2) 채권자지체의 발생 여부

(3) 약정이자의 발생 정지

(4) 쌍무계약의 경우 상대방의 동시이행항변권 상실

상대방의 동시이행의 항변권을 상실시키려면 변제제공이 계속되어야 한다.

XI. 변제에 의한 대위(변제자대위・대위변제)★★(2차)

1. 의의 및 법적 성질

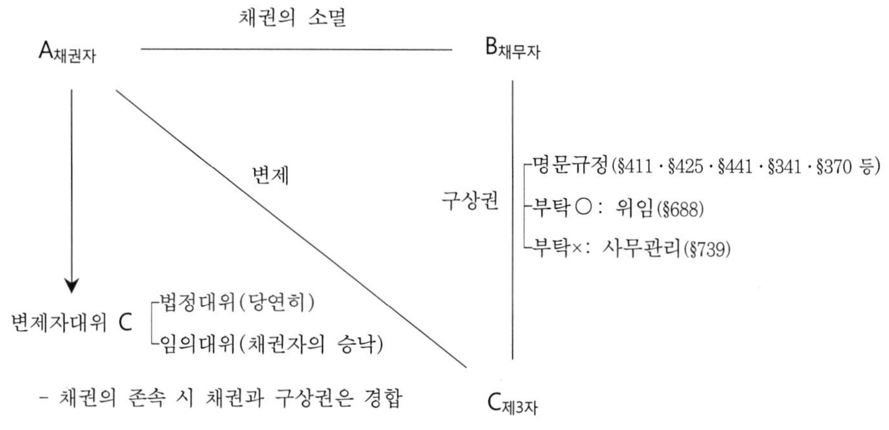

┌ 채권자의 채권 등이 법률상 당연히 변제자에게 이전
└ 채권양도 · 채권자대위권과는 구별

2. 요 건

(1) 변제 기타로 채권자에게 만족을 줄 것

만족을 주는 사유는 변제에 한하지 않는다.

(2) 변제자 등이 채무자에 대하여 구상권을 가질 것

구상권이 없으면 대위는 일어나지 않는다.

(3) 변제할 정당한 이익이 있거나(법정대위) 채권자의 승낙이 있을 것(임의대위)

1) 법정대위

변제할 정당한 이익이 있는 자는 변제로 당연히 채권자를 대위한다(§481).

2) 임의대위

변제할 정당한 이익이 없는 자는 채권자의 승낙이 있어야 채권자를 대위할 수 있다(§480①). 지명채권 양도에 관한 규정(§450~§452)을 준용하고 있다(§480②).

3. 효 과

(1) 대위자 · 채무자 사이의 효과

┌ 전부변제: 채권 및 그 담보에 관한 권리를 행사(이전)
├ 일부변제: 가액에 비례하여 채권자와 함께 권리를 행사 - 채권자가 우선
└ 취소권 · 해제권 · 해지권 등 계약당사자의 지위에 따르는 권리는 이전×

(2) 법정대위자 상호간의 효과

1) 보증인과 전세물 · 저당물의 제3취득자 사이

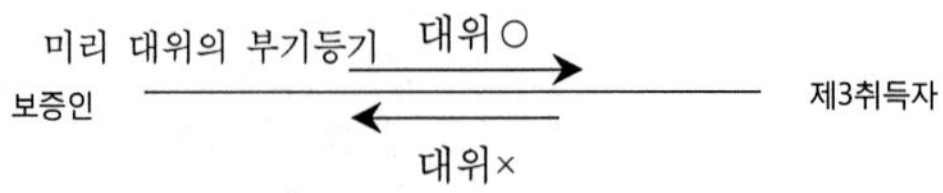

2) 보증인과 물상보증인 사이

┌ 그 인원수에 비례
└ 물상보증인이 수인인 경우 각 재산의 가액에 비례

각자의 부담부분을 넘는 변제× → 대위×

3) 제3취득자들 사이

각 부동산의 가액에 비례

※ 제3취득자의 물상보증인에 대한 대위? ㊎ ○

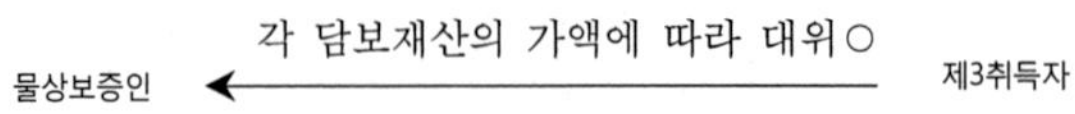

4) 물상보증인들 사이

각 부동산의 가액에 비례

5) 연대채무자들 사이 또는 보증인들 사이

특별규정이 구상의 범위를 정하고 있음

(3) 대위자 · 채권자 사이의 효과

1) 채권자의 채권증서 · 담보물의 교부의무

2) 채권자의 담보보존의무

법정대위를 할 자가 있는 경우에 채권자의 고의나 과실로 담보가 상실되거나 감소된 때에는 대위할 자는 그 상실 또는 감소로 인하여 상환을 받을 수 없는 한도에서 그 책임을 면한다(§485).

3) 제3자의 일부변제 후에 계약이 해제된 경우

채권자는 대위자에게 그 변제한 가액과 이자를 상환하여야 한다(§483②).

제3절 대물변제★☆(2차)

Ⅰ. 서 설

1. 의 의

※ 대물변제

X(1,000만원) 채무

A채권자 —————— B변제자 (채무자·제3자)

Y부동산으로 대신 변제(등기)

합의(채무자가 채권자의 승낙을 얻어)

요물계약(判, 多)
유상계약(담보책임)

2. 법적 성질

3. 사회적 작용

(1) 본래의 사회적 작용

이행의 대용수단 내지 보조수단

(2) 대물변제예약

※ 대물변제예약★★(2차)

1,000만원 → Y부동산

A소비대주 —————— B소비차주

대물(代物)변제 예약

폭리규제 ┌ §607·§608
└ 가담법

Ⅱ. 대물변제의 요건

X채권의 존재

(A채권자) —————— (B변제자)

Y급부(등기, 인도 등)

채권자의 승낙
=당사자의 합의○

변제에 갈음하여○
변제를 위하여×

1. 당사자

원칙적으로 채권자와 변제자

2. 당사자 사이에 합의 내지 계약이 있을 것

채무자가 채권자의 승낙을 얻어

3. 채권이 존재할 것

채권이 부존재, 무효 또는 취소 → (유인성: ㊢)변제자는 물권적 청구권 행사 ○

4. 본래의 급부와 다른 급부를 할 것

– 대물변제는 요물계약이므로, 다른 급부를 현실적으로 하여야 함

┌ 부동산 소유권의 이전 - 등기
└ 동산 소유권의 이전 - 인도

본래의 급부와 다른 급부는 가치가 같을 필요는 없다.

5. 본래의 채무이행에 갈음하여 다른 급부가 행하여질 것

대물변제 ┌ 이행을 위하여×
　　　　 └ 이행에 갈음하여○

- 채무자가 어음이나 수표를 변제수단으로 교부한 경우

┌ 변제를 위하여 - 추정(㊓·㊢)
└ 변제에 갈음하여

┌ 원인채권에 기하여 청구 → 어음채권의 소멸시효를 중단 × ㊢
└ 어음채권에 기하여 청구 → 원인채권의 소멸시효를 중단 ○ ㊢

Ⅲ. 대물변제의 효과

변제와 같은 효력이 있다.

제4절 공 탁

Ⅰ. 공탁의 의의 및 법적성질

1. 의 의

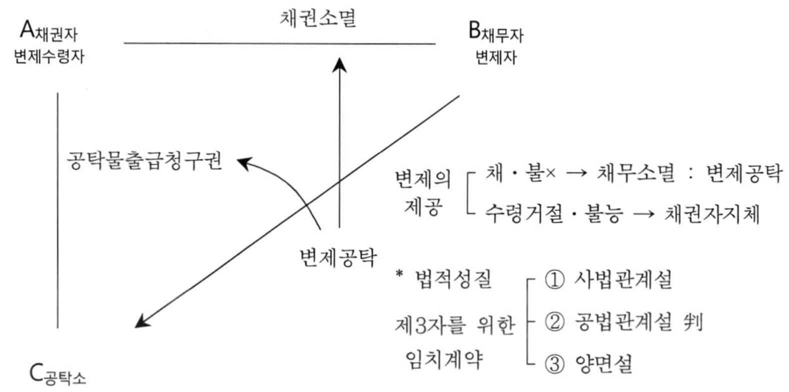

2. 법적 성질

Ⅱ. 공탁의 요건

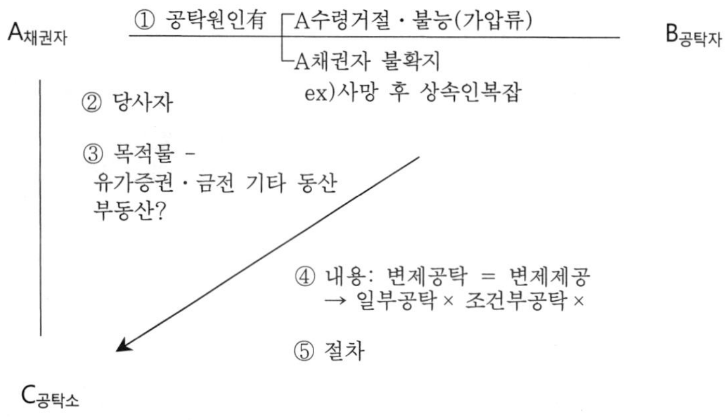

1. 일정한 공탁원인의 존재

공탁원인이 없는 경우에는 설사 채무자가 공탁을 하였더라도 그는 채무를 면하지 못한다.

(1) 「채권자가 변제를 받지 아니하거나 받을 수 없는 때」 (§487 1문)

동조의 표현은 채권자지체에 관한 제400조와 같으나, 학설은 일치하여 공탁의 요건과 채권자지체의 요건은 다르다고 한다.

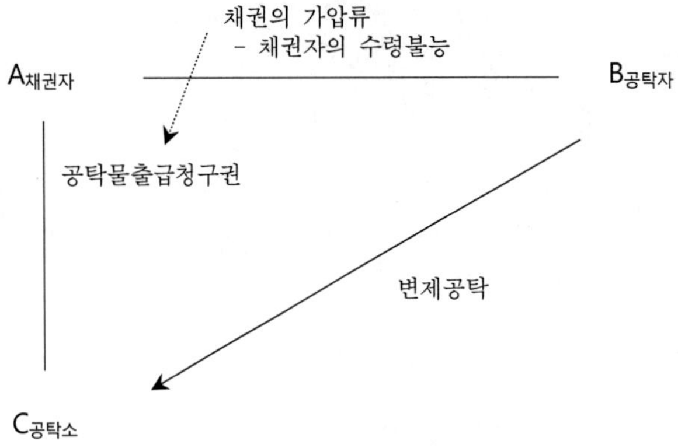

(2) 「변제자가 과실없이 채권자를 알 수 없는 경우」 (§487 2문)

┌ 채무자가 선량한 관리자의 주의를 다하여도 채권자가 누구인지를 알 수 없는 경우
└ 민법상 채권자를 전혀 알 수 없는 절대 불확지 공탁은 허용×

2. 공탁의 당사자

당사자는 공탁자와 공탁소이며, 채권자는 당사자가 아니다.

(1) 공탁자

채무자외에 제3자

(2) 공탁소

채무이행지의 공탁소

(3) 피공탁자

피공탁자를 특정하여야 하며, 피공탁자는 채권자·채권자의 대리인·청산인

3. 공탁의 목적물

┌ 유가증권·금전 기타의 동산
└ 부동산? 긍정설(㊕)

4. 공탁의 내용

채무내용에 좇은 것이어야 한다.

(1) 일부의 공탁

그 부족액이 아주 근소하다는 등의 특별한 사정이 있는 경우를 제외하고는 채권자가 이

를 수락하지 않는 한 그 공탁부분에 관하여도 채무소멸의 효과가 발생하지 않음

(2) 조건부 공탁

채권자에게 반대급부 또는 기타의 조건의 이행의무가 없음에도 불구하고 채무자가 이를 조건으로 공탁한 때에는, 채권자가 이를 수락하지 않는 한 그 공탁은 효력이 없다.

Ⅲ. 공탁의 절차

Ⅳ. 공탁의 효과

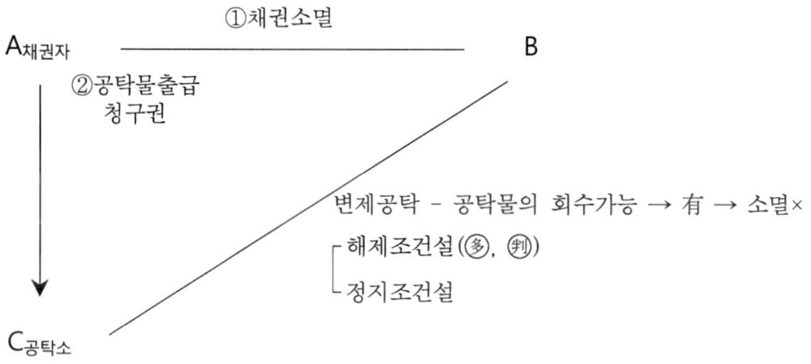

1. 채권의 소멸

채권의 소멸시기: 공탁관의 수탁처분과 공탁물 보관자의 공탁물수령이 있는 때

2. 채권자의 공탁물 인도(출급)청구권

제3자를 위한 임치계약

3. 공탁물 소유권의 이전

Ⅴ. 공탁물의 회수

1. 민법상의 회수

임치계약의 해지

※회수×
- 채권자가 공탁을 승인하거나 공탁물을 받기로 통고한 때
- 공탁유효의 판결이 확정된 때
- 공탁으로 질권 또는 저당권이 소멸한 때
- 공탁자가 회수권을 포기한 때

2. 공탁법상의 회수

제5절 상 계★☆(2차)

Ⅰ. 상계의 의의

1. 개 념

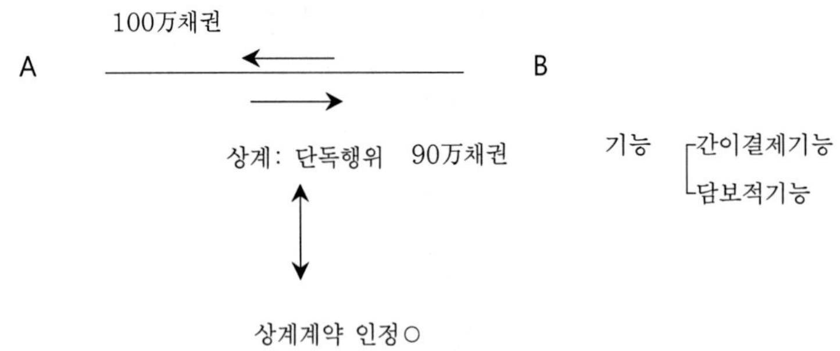

A상계 → 100万채권: 자동채권(상계자의 채권)
90万채권: 수동채권(상계자의 채무)
B상계 → 90万채권: 자동채권
100万채권: 수동채권

2. 기 능

(1) 채무결제의 간이화

(2) 담보적 기능

3. 성 질

4. 상계계약

- 계약자유의 원칙
- 상호계산

Ⅱ. 상계의 요건

1. 상계적상

※ 상계의 요건

1. 상계적상 ┌ ㉮ A ↔ B
↓ ├ ㉯ 100万, 90万
상계에 ├ ㉰ 제기 도래
적합한 상태 ├ ㉱ 질상 허용
└ ㉲ × ┌ 의사표시
└ 법률규정: 수·질·압류·고·지

(㉮ = 대, ㉯ = 동, ㉰ = 변, ㉱ = 성, ㉲ = 금)

2. 상계적상의 현존
예외 : §495

(1) 쌍방이 채권을 가지고 있을 것

원칙 - (대)립하는 채권의 존재(§492①) - 상계자의 피상계자에 대한 채권

예외 ┌ §418②, §434 - 타인의 채권으로 상계
└ §426①, §445①, §451② - 타인에 대한 채권으로 상계

※§418②

※§434

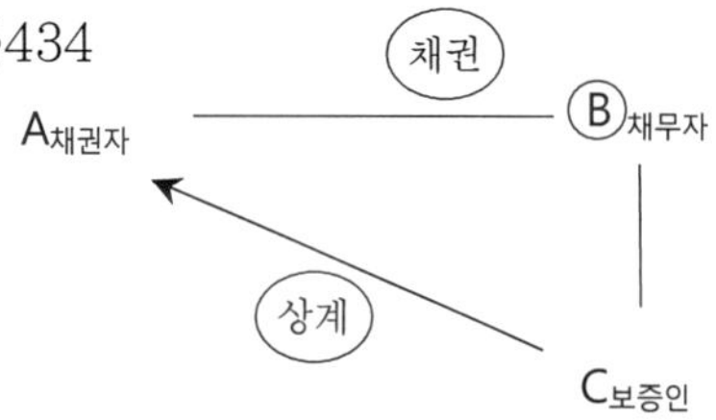

※§426①

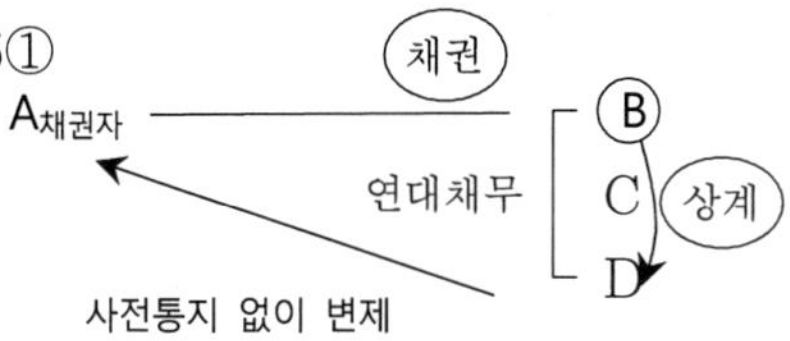

※§445①

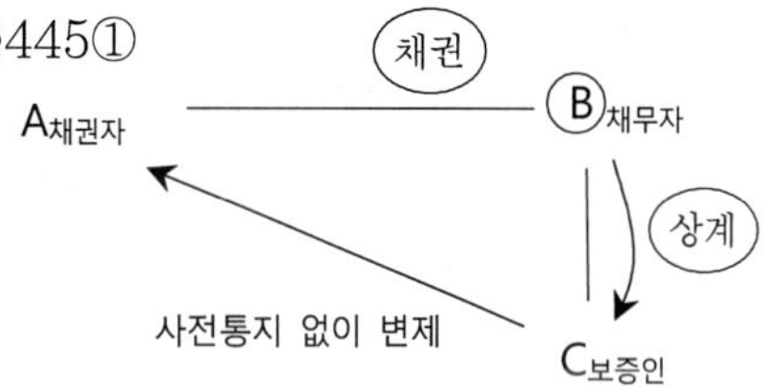

§426①) 어느 연대채무자가 다른 연대채무자에게 통지하지 아니하고 변제 기타 자기의 출재로 공동면책이 된 경우에 다른 연대채무자가 채권자에게 대항할 수 있는 사유가 있었을 때에는 그 부담부분에 한하여 이 사유로 면책행위를 한 연대채무자에게 대항할 수 있고 그 대항사유가 상계인 때에는 상계로 소멸할 채권은 그 연대채무자에게 이전된다.

(2) 두 채권이 동종의 목적을 가질 것

(동)종의 채권 - 즉 종류채권이어야 한다. 금전채권

┌ 출자지분반환청구권
├ 소송비용청구권
└ 벌금채권

(3) 두 채권이 변제기에 있을 것

┌ 쌍방의 채권 모두 (변)제기에 있을 것(§492①) - 상계적상○
└ 변제기의 도래 - 자동채권○ 수동채권× - 상계○

∴ 수동채권: 상계권자의 채무 → §468 변제기전 변제○

(4) 채권의 성질이 상계를 허용하는 것일 것

※(성)질상 허용? ┌ 쌍방의 채권이 현실의 이행이 있어야 목적을 달성할 수 있는 경우×
└ ex) 부작위채무·하는 채무, 자동채권에 항변권이 붙은 경우 ×

↕

수동채권에 항변권이 붙은 경우○

(5) 상계가 금지되어 있지 않을 것

(금)지×

┌ 의사표시
└ 법률규정: (수)동채권 → (질), (압류), (고), (지)

1) 당사자의 의사표시에 의한 금지

이 상계금지는 선의의 제3자에게 대항 × (§492②)

2) 법률에 의한 금지

① 고의의 불법행위로 인한 손해배상채권

ex)

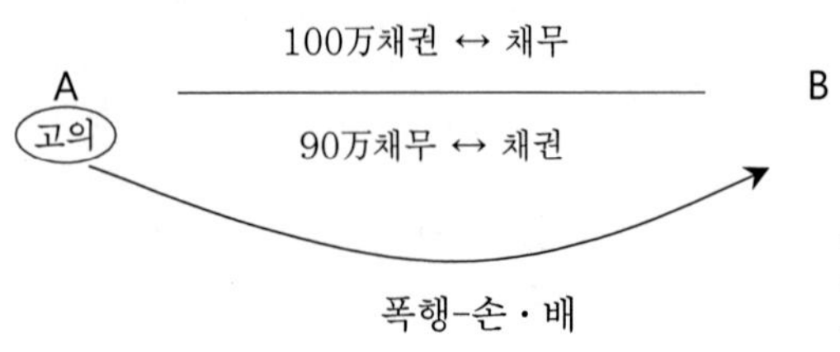

고의의 불법행위(A → B)로 인한 손해배상채권을
수동채권으로 한 A의 상계? ×
자동채권으로 한 B의 상계? ○

부당이득의 원인이 고의(과실·중과실×)의 불법행위에 기인함으로써 불법행위로 인한 손해배상채권과 부당이득 반환채권이 모두 성립하여 양 채권이 경합하는 경우 피해자가 부당이득반환채권만을 청구한 경우에도 민법 제496조를 유추적용(判)

② 압류가 금지된 채권

ex) 압류금지채권

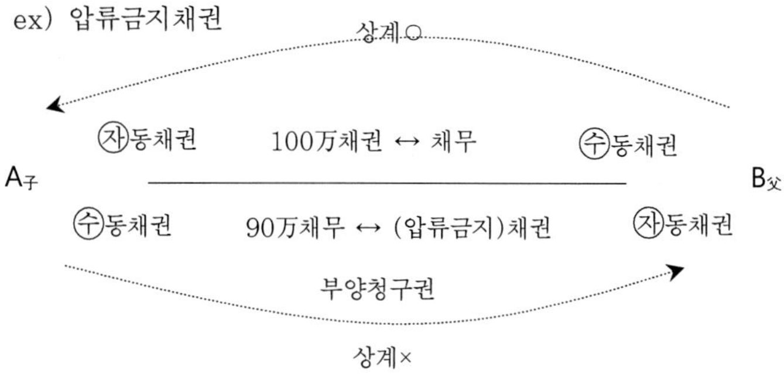

- 압류금지채권을 수동채권으로 하여 상계 ×
- 압류금지채권을 자동채권으로 하여 상계 ○

ex) 임금채권

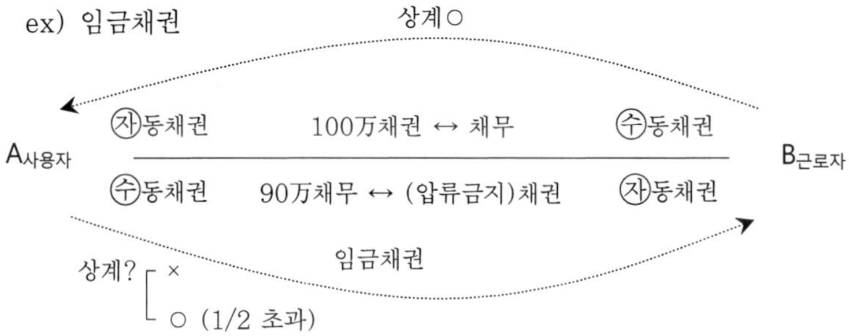

사용자가 근로자에 대하여 가지는 채권으로써 근로자의 임금채권과 상계를 하지 못하는 것이 원칙이고, 다만 계산의 착오 등으로 임금을 초과 지급한 경우에, 근로자의 경제생활의 안정을 해할 염려가 없는 때에는, 사용자는 위 초과 지급한 임금의 반환청구권을 자동채권으로 하여 근로자의 임금채권이나 퇴직금채권과 상계할 수 있다. … 한편 사용자가 근로자에게 퇴직금 명목으로 지급한 금원 상당의 부당이득반환채권을 자동채권으로 하여 근로자의 퇴직금채권을 상계하는 것은 퇴직금채권의 2분의 1을 초과하는 부분에 해당하는 금액에 관하여만 허용된다(대판(전원) 2010.5.20. 2007다90760).

③ 지급이 금지된 채권

ex) ㉨급이 금지된 채권

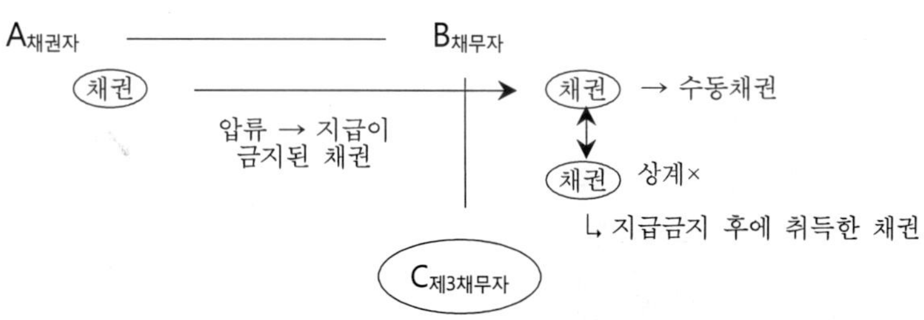

- if) 제3채무자가 반대채권 만들어 상계? 압류무력화 → 금지
- 단, 압류(지급금지)전 제3채무자의 자동채권 有 → 상계○

지급금지 전에 취득한 채권이 압류 또는 가압류 당시에 상계적상?
㊫·㉻ 변제기선도래설(자동채권 변제기 ≧ 수동채권의 변제기)

판례) 대판 2001.3.27. 2000다43819

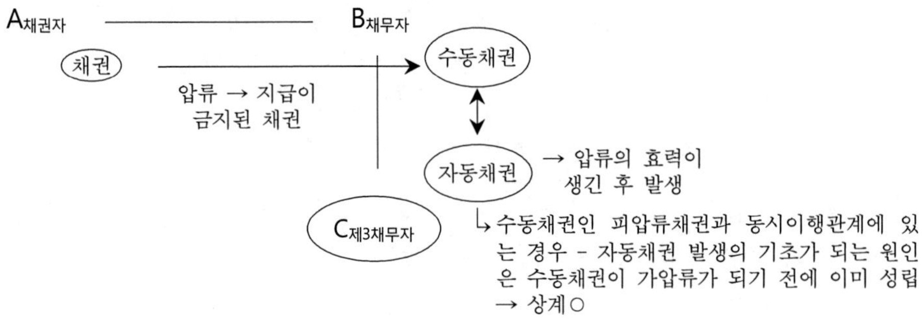

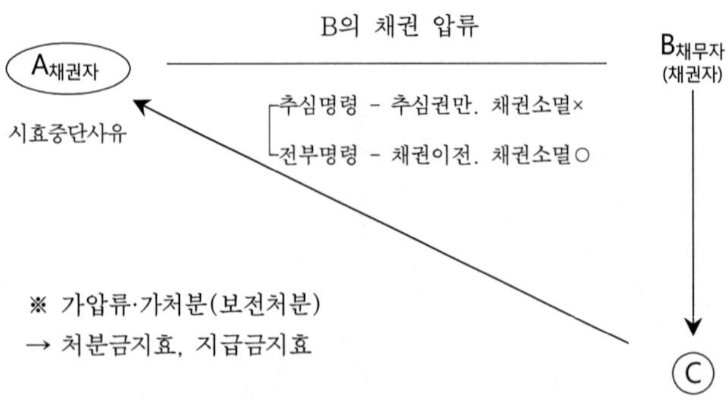

④ 질권이 설정된 채권

지급금지명령을 받은 채권과 마찬가지

⑤ 특별법상 상계가 금지되는 채권

2. 상계적상의 현존

- 원칙 : 상계적상은 원칙적으로 상계의 의사표시를 할 당시에 현존
- 예외 : §495

Ⅲ. 상계의 방법

- 상계는 상대방에 대한 의사표시 ○
- 조건(단독행위)×, 기한(소급효)×

Ⅳ. 상계의 효과

┌ 대등액 소멸, 상계충당○
├ 상계의 소급효
└ 이행지가 다른 상계

(1) 채권의 소멸
(2) 상계의 소급효
(3) 이행지를 달리하는 상계

제6절 경 개

※ **중요도↓, 변리사 출제 (VS 대물변제)**

Ⅰ. 경개의 의의 및 성질

1. 의 의

※ 경개

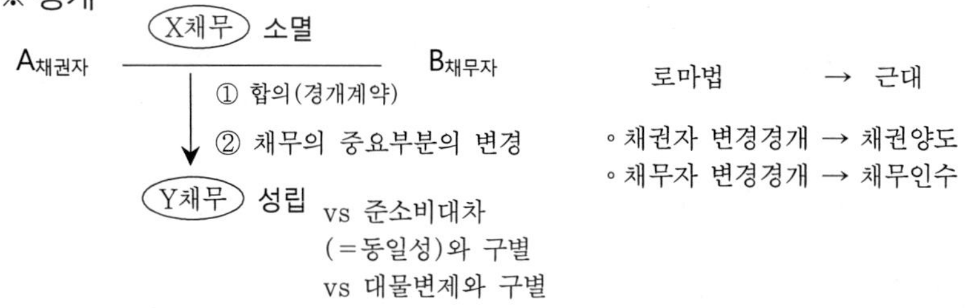

2. 법적 성질

(1) 계 약
(2) 처분행위
(3) 채권소멸원인
(4) 대물변제와의 구별

3. 사회적 작용

Ⅱ. 경개의 요건

1. 소멸할 채권의 존재

2. 신채무의 성립

3. 채무의 중요한 부분의 변경

준소비대차는 기존채무를 소멸케 하고 신채무를 성립시키는 계약인 점에 있어서는 경개와 동일하지만 경개에 있어서는 기존채무와 신채무 사이에 동일성이 없는 반면, 준소비대차에 있어서는 원칙적으로 동일성이 인정된다.

4. 경개계약의 당사자

(1) 채권자 변경에 의한 경개

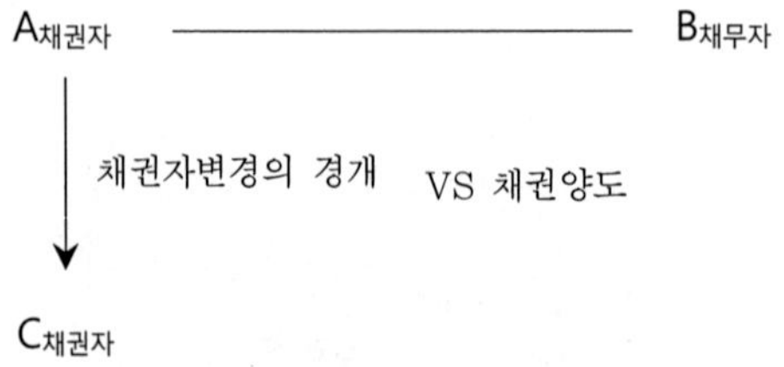

이 경개는 구 채권자 · 신 채권자 · 채무자의 3면계약에 의한다.

(2) 채무자 변경에 의한 경개

3면계약에 의할 수도 있으나, 채권자와 신 채무자의 계약에 의하여도 할 수 있다.

(3) 목적 또는 발생원인의 변경에 의한 경개

이는 채권자와 채무자 사이의 계약에 의한다.

Ⅲ. 경개의 효과

1. 구채무의 소멸과 신채무의 성립

2. 경개계약의 해제가능성 여부

신채무의 불이행이 있는 경우에 경개계약을 해제? 부정설(通 · 判)
경개계약을 합의해제하여 구채권을 부활○

제7절 면 제

Ⅰ. 면제의 의의 · 요건 · 효과

(1) 의 의

면제(§506)
A채권자 ──────────────→ B채무자

- 채권자가 채무자에 대한 채권을 소멸시키는 단독행위(조건○)
- 준물권행위로서 처분행위

(2) 요 건

채권의 처분권한을 가지고 있는 자가 일방적 의사표시로

(3) 효 과

- 면제가 있으면 채권은 소멸하며, 일부면제○
- 그 채권에 관하여 정당한 이익을 가지는 제3자에게 대항×(§506 단서)

제8절 혼 동

Ⅰ. 혼동의 의의 및 효과

※ 혼동(§507) (사건)
채권과 채무가 동일인에게 귀속
ex) 채권자가 채무자를 상속
ex) 채무자가 채권을 양수한 경우

A채권자 ────────────── B채무자

채권은 원칙적으로 소멸(§507 본문)
그러나 채권의 존속을 인정하여야 할 정당한 이익이 있는 때에는 채권을 존속
- 그 채권이 제3자의 권리의 목적인 때(§507 단서), 상속인이 한정승인을 한 때(§1031), 채권의 존재가 채권자 겸 채무자의 제3자에 대한 권리행사의 전제가 되는 경우(判)

※ 자배법상 손·배채권과 손·배채무의 혼동(대판 2005.1.14. 2003다38573)

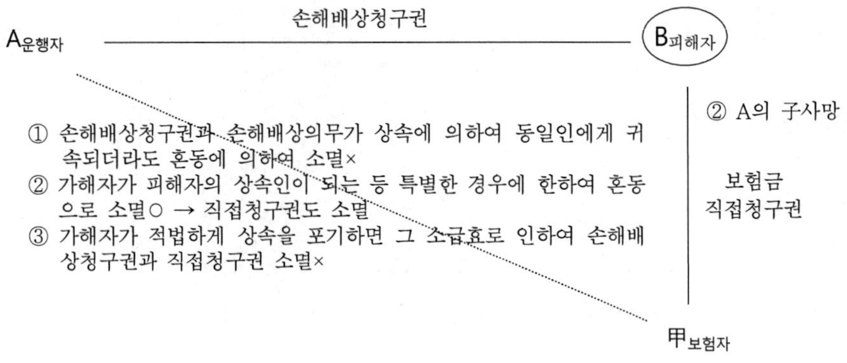

제2편 채권법 각론

신민법강의 도해노트

제1장 계약총론

- 약정채권의 발생원인 - 계약법
  - 총론
  - 각론
- 법정채권의 발생원인
  - 사무관리
  - 부당이득
  - 불법행위

제1절 계약의 의의 및 작용

Ⅰ. 계약의 의의

Ⅱ. 계약의 사회적 작용

제2절 계약의 자유와 그 한계

Ⅰ. 계약자유의 의의

Ⅱ. 계약자유의 법적 근거

Ⅲ. 계약자유의 내용

Ⅳ. 계약자유의 한계

제3절 계약과 보통거래약관★(2차)

Ⅰ. 서 설

┌ 보통거래약관의 긍정적 기능
└ 보통거래약관의 부정적 기능 → 약관의 규제에 관한 법률(약관규제법)

Ⅱ. 약관의 의의

Ⅲ. 약관의 구속성

1. 구속력의 근거

(1) 약관규제법이 제정되기 전

(2) 약관규제법 제정 후

약관 → 계약내용

A사업자 ———————————— B고객

합의(계약설: 통설 · 판례)

2. 사업자가 약관을 계약내용으로 주장할 수 있기 위한 요건

(1) 개 설

주장할 수 있기 위한 요건 ㊐ ┌ 명시
vs ├ 설명(중요내용)
편입요건 ㊕ └ 고객의 동의 ㊋

(2) 구체적인 요건

1) 사업자에 의한 명시(고객의 인식취득의 가능성)

2) 사업자에 의한 약관의 중요내용의 설명

'계약의 성질상 설명이 현저하게 곤란한 경우'에는 설명의무가 면제된다(동법 제3조 2항). 판례는 약관의 중요내용을 이룬다고 하더라도 고객이 예측하지 못한 불이익을 입지 않는다면 사업자의 명시·설명의무를 면제한다. 예컨대, 약관에 정하여진 사항이더라도 고객이 그 내용에 관하여 충분히 잘 알고 있는 사항(대판 2003.8.22. 2003다27054), 거래상 일반적이고 공통된 것이어서 고객이 별도의 설명이 없더라도 충분히 예상할 수 있었던 사항 또는 이미 법령에 의하여 정하여진 것을 약관에 그대로 기재하거나 부연하는 정도에 불과한 사항(대판 2003.12.11. 2001다33253) 등이다. 이 점은 약관조항이 당사자 사이의 약정의 취지를 명백히 하기 위한 확인적 규정에 불과한 경우에도 마찬가지이다(대판 1998.2.27. 96다8277).

3) 고객의 동의

(3) 요건을 갖추지 못한 경우의 효과

사업자가 약관을 계약의 내용으로 주장×
고객은 주장○

Ⅳ. 약관의 해석

1. 해석의 방법

밝히는 해석과 보충적 해석
규범적 해석 → 객관적 · 통일적 해석(B입장에서 → 전체 고객입장)

2. 불명료한 규정의 해석

작성자 불리의 원칙 - 고객에 유리하게 사업자에게 불리하게 해석
엄격해석의 원칙 - 특히 면책조항에서
판례의 예문해석

3. 개별약정의 우선

당해 합의사항은 약관에 우선한다(약관규제법 §4).

Ⅴ. 약관의 내용통제

※ 전형적인 사례와 조문 확인

1. 무효근거

by 개별적인 금지규정(§7~§14) 判
by 일반규정 - 신의칙(§6①)

(1) 개별적인 금지규정

(2) 일반규정

1) 약관규제법 제6조 제1항

2) 불공정성의 추정

고객에 대하여 부당하게 불리한 조항

고객이 계약의 거래형태 등 제반사정에 비추어 예상하기 어려운 조항

계약의 목적을 달성할 수 없을 정도로 계약에 따르는 본질적 권리를 제한하는 조항

(3) 금지규정의 적용 제한

2. 약관조항이 무효인 경우의 법률효과

일부무효 ──(약관법 §16)──→ [일부무효 - 계약에 틈: 보충적 해석 / 전부무효]

※ §137 일부무효

Ⅵ. 위반약관의 규제

Ⅶ. 약관규제법의 적용범위

약관의 규제에 관한 일반법

제4절 계약의 종류

Ⅰ. 서 설

Ⅱ. 전형계약·비전형계약

Ⅲ. 쌍무계약 · 편무계약

※ 매매계약(쌍무 · 유상 · 낙성 · 불요식계약)

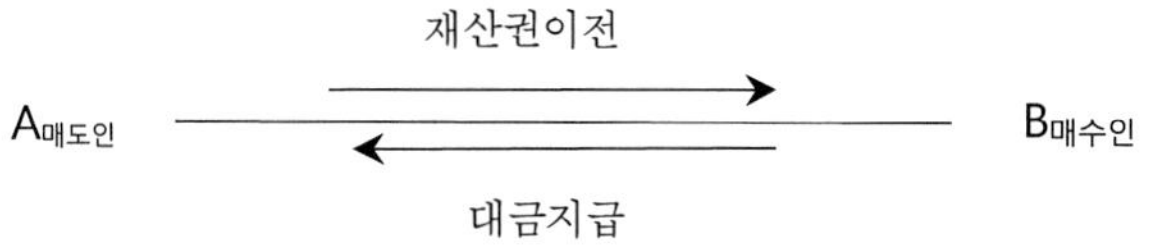

※ 쌍무 · 편무계약: 채무의 상호의존성(쌍무계약: 이(§536), 존(§537, §538))
유상 · 무상계약: 출연의 상호의존성

※ 현상광고(편무 · 유상 · 요물계약) cf) 단독행위설(少)(송)

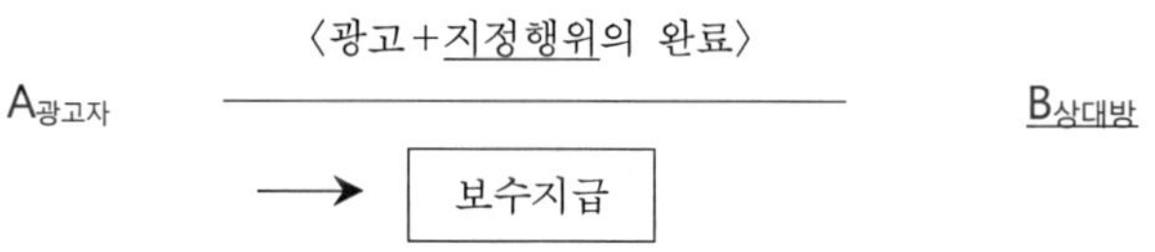

Ⅳ. 유상계약 · 무상계약

Ⅴ. 낙성계약 · 요물계약

Ⅵ. 계속적 계약 · 일시적 계약

Ⅶ. 예약 · 본계약

제5절 계약의 성립★(2차)

Ⅰ. 서 설

1. 계약의 성립요건으로서의 합의

(X-980만)계약

A매도인 ———————————— B매수인

합의 ┌객관적 합치(계약의 본질적 구성부분)
=성립 └주관적 합치

성립의 ┌청약과 승낙의 일치
모습 ├의사실현
└교차청약

그림 매매

A매도인 ———————————— B매수인

청약 980万 → [890万 ↔ 980万] 승낙
↔ 890万 승낙

자연적 해석: 980万 계약 성립
규범적 해석: 890万 계약 성립
→ A의 착오문제 ○

2. 불합의

(1) 의의 및 종류

(2) 의식적인 불합의

※ 의식적인 불합의 ┌ 계약의 본질적인 구성부분: 성립×
└ 부수적인 구성부분: 계약의 해석 → 불분명: 성립×

(判) 표시한 사항에 대하여 합의가 이루어지지 아니한 경우에는 불성립

(3) 무의식적인 불합의

1) 의 의

2) 착오와의 구별

X 계약

A ———————————— B

불합의 ┌의식적
=불성립 └무의식적 VS 착오

그림 매매

A매도인 ———————————— B매수인

청약 980万 → | 890万 ↔ 890万 | 승낙 계약의 성립→ A의 착오문제 ○

↔ 980万 ← 890万 승낙 불합의 → 계약 불성립 → 착오문제×

3) 무의식적인 불합의의 법률효과

※ 무의식적인 불합의
- 계약의 본질적인 구성부분: 성립×
- 부수적인 구성부분: ㊟ 합의가 이루어진 부분은 계약성립, 틈은 보충적 해석

4) 무의식적인 불합의의 경우의 손해배상 문제

3. 계약성립의 모습

- 청약+승낙 §527
- 의사실현 §532
- 교차청약 §533

……

Ⅱ. 청약과 승낙에 의한 계약성립

A ———————————— B

청약 + 승낙 = 계약

일방적・확정적 의사표시
↕
청약의 유인(확정적 의사표시×)
불특정 다수인에 대한 청약○
(자판기 설치)
§111 도달주의, §112
§527 청약의 구속력
승낙적격
- 승낙기간 정○§528
- 승낙기간 정×§529

§534

승낙의 자유
상대방 있는 의사표시
주관적・객관적 합치
승낙적격 - 청약의 존속기간 이내

- §528 연착통지의무 —통지×→ 연착× →계약성립
- §529
- §530(연착된 승낙): A가 승낙○ → 계약 성립○

§534: 조건・변경 승낙 → 청약의 거절+새로 청약
§531: 발신주의(해제조건설)

1. 청 약

(1) 의 의

일방적・확정적 의사표시

불특정 다수인에 대한 청약(ex: 자동판매기의 설치)

청약의 유인(구인광고・물품판매 광고・상품목록의 배부・기차 등의 시간표의 배부)과 구별

(2) 효 력

1) 효력 발생시기

도달(§111①)

청약자가 사망하거나 행위능력을 상실하여도 청약의 효력에는 영향× (§111②)

상대방이 행위능력을 상실하면 의사표시 수령능력의 문제(§112)

2) 실질적 효력(승낙적격)

승낙을 받을 수 있는 효력 - 청약이 유효한 동안 인정

3) 청약의 구속력(비철회성)

청약의 철회×

철회의 의사표시는 청약이 도달하기 전·도달과 동시에 상대방에게 도달하여야 함○

청약의 구속력× → ㊊) 사직의 의사표시 또는 명예퇴직의 신청

(3) 소멸(청약의 존속기간)

1) 일정한 기간 내에 승낙이 없는 경우

┌ §528
└ §529

2) 청약이 거절된 경우

청약의 소멸 ┌ 승낙하지 않는다는 의사표시 즉 거절한 경우
└ 청약에 조건을 붙이거나 변경을 가한 승낙(청약의 거절과 새로운 청약)

2. 승 낙

(1) 의 의

승낙은 상대방 있는 의사표시

합의(승낙) ┌ 특정한 상대방에 대하여 하여야 함(주관적 합치)
└ 승낙은 청약과 일치하여야 함(객관적 합치)

승낙 여부의 자유(계약의 자유) - 청약자가 "미리 정한 기간 내에 이의를 하지 않으면 승낙한 것으로 보겠다"는 뜻을 청약시에 표시하였더라도 이는 상대방을 구속하지 않는다.

(2) 효 력

1) 계약을 성립시키는 효력

2) 승낙기간이 정하여져 있는 경우의 도달 문제

§528 · §530

3) 승낙기간이 정하여져 있지 않은 경우의 도달 문제

§529 · §530

4) 청약의 거절 등

청약을 거절한 경우, 청약에 대하여 조건을 붙이거나 변경을 가하여 승낙을 한 때에는 청약을 거절하고 새로이 청약한 것으로 의제되어(§534), 계약은 불성립으로 된다.

(3) 승낙의 효력발생시기

1) 격지자 사이의 경우

§531와 §528① · §529 사이에 생기는 충돌 - 해제조건설(㊌)

2) 대화자 사이의 경우

도달주의

3. 계약의 경쟁체결

(1) 서 설

(2) 경 매

(3) 입 찰

Ⅲ. 의사실현

┌ 청약자의 의사표시나 관습에 의하여 승낙의 통지가 필요×
└ → 승낙의 의사표시로 인정되는 사실이 있는 때에 계약성립(§532)

매도청약과 함께 보내온 책에 이름을 쓰고 읽어가는 행위, 호텔 방의 예약을 받고 어느 방에 예약표시를 해 두는 행위 등

예금계약 - 예금자가 예금의 의사를 표시하면서 금융기관에 돈을 제공하고 금융기관이 그 돈을 받아 확인을 하면 예금계약 성립○ ㊎

Ⅳ. 교차청약에 의한 계약성립

양청약이 상대방에게 도달한 때에 계약 성립(§533)

X - 10万 매매

A매도인 —————————— B매수인

청약 = 청약

Ⅴ. 사실적 계약관계

1. 서 설

2. 하우프트의 사실적 계약관계론과 독일에서의 반응

3. 우리 민법에 있어서의 사실적 계약관계론의 인정 여부

Ⅵ. 계약체결상의 과실★(2차)

1. 서 설

(1) 의 의

(2) 연 혁

(3) 인정범위

※ §535 체약상 과실

Ⓧ매매 - 원시적 불능 → 무효

A매도인 악의 or 과실○ —————————— B매수인 선의·무과실○

손·배: 신뢰이익배상 / 이행이익한도

∴ 인정범위 - 확대인정 여부?

- ㊂ 일반적 인정설
- ㊉ 한정적 인정설
- 判 계약교섭을 부당하게 중도에 파기한 경우에 불법행위○

∴ 법적 성질

- ㊂ 계약책임설
- ㊉ 불법행위책임설
- ㊉ 법정책임설

2. 법적 성질

3. 체약상의 과실책임의 요건과 효과

(1) 요 건

1) 계약체결을 위한 사회적 접촉의 개시
2) 기타의 행위의무의 위반이 있을 것
3) 계약의 성립 전에 의무위반이 있을 것
4) 가해자의 고의 · 과실이 있을 것

(2) 효 과

┌ 신뢰이익의 배상
└ 이행이익의 한도

4. 개별적인 경우들

(1) 생명 · 신체 · 재산권 등이 침해된 경우(계약성립 전)

상점에 들어가다가 통로에 놓인 바나나껍질을 밟고 넘어져 다친 경우, 상점에서 물건을 고르다가 쌓여 있는 물건이 넘어져 다친 경우

(2) 계약이 유효한 경우

고용계약에 있어서 중요한 사실을 알리지 않아 계약이 체결된 경우, 운송계약에서 문의한 열차시간표를 잘못 알려준 경우

(3) 계약이 불성립 · 무효 · 취소된 경우

1) 무능력의 경우

체약상의 과실×

2) 착오의 경우★

착오자의 경과실 ┌ 다수설: 체약상의 과실○
└ 판례: 위법하다고 할 수 없어 불법행위책임×

3) 계약교섭을 중단한 경우★★(2차)

- 적절한 이유 없이 교섭을 파기함으로써 상대방에게 손해를 야기시킨 경우

┌ 체약상의 과실책임을 인정하는 견해(㊫)
└ 불법행위책임을 인정하는 견해(㊭ · ㊮)

4) 원시적 불능의 경우(§ 535)★

① 요 건

원시적 불능이어서 무효(원시적 일부불능 → §574 · §580의 담보책임○, §535 ×)

계약이 유효하였다면 급부를 하였을 자가 그 불능을 알았거나 알 수 있어야 함
상대방은 선의·무과실

② **효 과**
신뢰이익의 배상 / 이행이익의 한도

제6절 계약의 효력

Ⅰ. 서 설

- 일반적효력
- 쌍무계약의 효력
  - 규정× A —(甲성립·불성립 ↓ 乙성립·불성립)— B : 성립상의 견련성
  - 동시이행의 항변권(§536) : 이행상의 견련성
  - 위험부담(§537, §538): 존속상의 견련성

* 제3자를 위한 계약(§539~§542)

* 계약의 해제, 해지(§543 이하)

Ⅱ. 쌍무계약의 효력

1. 쌍무계약의 특질(견련성)

2. 동시이행의 항변권★★(2차)

(1) 의 의

ex) 매매계약 (쌍무계약)

A매도인 —(X건물 매매 / 5억 매매대금)— B매수인

- 1/15 계약금 1억
- 2/15 중도금 2억
- 3/15 잔금 2억 ↔ 등기(+인도)

(2) 성립요건

1) 동일한 쌍무계약에 의한 대가적 의미 있는 채무의 존재

ex) 매매계약

재산권이전

A매도인 B매수인

대금지급

- 동일성(○) : 채권(양)도, 채무(인)수, (상)속, (손해)배상채무, (전부), (추심)명령
- 동일성(×) : 경개

ex) 임차인의 지상물매수청구권

A임대인 (매수인) 임대차계약 B임차인 (매도인)

토지임대차의 존속기간의 만료 + 건물·수목 기타 지상시설이 현존
→ 임차인의 갱신청구 + 임대인이 거절한 때
→ 임차인이 매수청구권을 행사○ - 매매계약 성립(동시이행관계)

2) 상대방의 채무가 변제기에 있을 것

동시이행의 항변권은 당사자 쌍방의 채무가 모두 변제기에 있는 경우에 성립

원칙 - 선이행의무자는 동시이행의 항변권이 없음

예외
- 불안의 항변권
- 선이행의무자가 이행하지 않고 있는 동안에 상대방의 채무의 변제기가 된 때

ex) 중도금을 지급하지 않는 동안에 잔대금 지급일(3/15)이 된 경우

소유권이전등기 소요서류 제공

A매도인 B매수인

중도금(+지연손해금) + 잔대금 지급

3) 상대방이 이행 또는 이행제공을 하지 않고서 이행을 청구하였을 것

상대방이 채무의 내용에 좇은 이행 또는 이행의 제공○ → 동시이행의 항변권×

쟁점
- 일부지체 - 원칙적으로 급부를 수령할 필요×, 자신의 채무도 이행할 필요×
- 수령지체 - 상대방이 이행의 제공×, 이행청구○ → 동시이행의 항변권○

(3) 효 력

1) 이행거절 권능(본질적 효력): 행사효

- 항변권으로서의 특성
- 원고일부승소판결(상환이행판결)

2) 부수적 효과: 존재효

- 이행지체 저지효 - 위법성조각사유
- 상계금지효 - 자동채권에 항변권

(4) 제535조의 준용 및 유추적용

◦ 동시이행 항변권 확장, 유추
- 법률규정
- 判例·學說?

<동시이행관계의 확장>

요 건	원래 쌍무계약에서 인정되는 동시이행의 항변권을 비쌍무계약에 확장함에 있어서는 양 채무가 동일한 법률요건으로부터 생겨서 공평의 관점에서 보아 견련적으로 이행시킴이 마땅한 경우라야 한다(대판 2000.10.27. 2000다36118).
법률에서 준용하는 경우	㉠전세권이 소멸한 때에 전세권자의 목적물인도 및 전세권설정등기말소의무와 전세권설정자의 전세금반환의무(제317조), ㉡ 계약해제로 인한 쌍방의 원상회복의무(제549조), ㉢ 부담부 증여에서 쌍방의 의무(제561조) ㉣ 매도인의 담보책임으로서 계약을 해제한 경우의 쌍방의 원상회복의무(제583조), ㉤ 수급인의 하자보수의무와 도급인의 보수지급의무(제667조), ㉥ 종신정기금계약의 해제에 따른 쌍방의 채무(제728조), ㉦ 가등기담보에서 채권자의 청산금지급의무와 채무자의 목적부동산에 대한 본등기 및 인도의무(가담법 제4조 3항)
해석상 인정되는 경우	㉠ 계약이 무효 또는 취소된 경우에 당사자 상호간의 반환의무(판례), ㉡ 경매절차가 무효로 된 때에 있어서 소유권이전등기 말소의무와 배당금반환의무(94다55071), ㉢ 변제와 영수증교부(제474조), ㉣ 임대차계약이 만료된 경우에 임차인이 임차물을 인도할 의무와 임대인의 보증금반환의무(77다1241), ㉤ 원인채무의 지급확보를 위해 어음·수표가 교부된 경우에 그 어음·수표의 반환의무와 원인채무의 변제(93다11203), ㉥ 차용금채무의 이행확보를 위하여 어음과 수표를 교부한 뒤 이 차용금채무에 대한 대물변제로서 부동산에 대하여 매매계약을 체결한 경우의 대물변제의 이행과 어음·수표의 반환(85다카848), ㉦ 명의수탁재산이 상속재산에 포함됨으로써 명의수탁자의 상속인이 추가로 부담한 상속세 상당액에 대하여 명의신탁자가 상환의무를 부담하는 경우에 명의신탁자가 상속인에 대하여 부담하는 상환의무와 상속인이 부담하는 소유권이전등기 의무(98다6176), ㉧ 화물자동차의 지입계약이 종료된 경우 지입회사의 지입차량에 대한 소유권이전등록절차 이행의무와 지입차주의 연체된 관리비 등의 지급의무(2003다37136), ㉨ 신탁계약에 있어서 위탁자 또는 수익자가 부담하는 신탁비용 및 신탁보수 지급의무와 신탁종료시에 수탁자가 부담하는 신탁재산을 이전할 의무(2004다24557), ㉩ 부동산 매매계약에 있어 매수인이 부가가치세를 부담하기로 약정한 경우 특별한 사정이 없는 한 부가가치세를 포함한 매매대금 전부와 부동산의 소유권이전등기의무(2005다58656), ㉪ 민법 제571조에 의한 해제의 경우에 매도인의 손해배상의무와 매수인의 목적물 및 그 사용이익의 반환의무(92다25946), ㉫ 토지임차인이 그 지상건물의 매수청구권을 행사한 경우에 임대인의 건물대금지급의무와 임차인의 토지인도의무, ㉬ 부동산의 매수인이 매매목적물에 관한 근저당권의 피담보채무를 인수하기로 한 채무는 매매대금 지급채무에 갈음한 것으로서 매도인이 그 채무를 대신 변제한 매수인의 매도인에 대한 구상채무는 인수채무의 변형으로서 매매대금 지급채무에 갈음한 것의 변형이므로, 매수인의 구상채무와 매도인의 소유권이전의무는 동시이행의 관계에 있다(2007다3285), ㉭ 구분소유적 공유관계가 해소되는 경우 공유지분권자 상호간의 지분이전등기의무, 구분소유권 공유관계를 표상하는 공유지분에 근저당권설정등기 또는 압류, 가압류등기가 경료되어 있는 경우에는 쌍방의 지분소유권이전등기의무와 아울러 그러한 근저당권설정등기 등의 말소의무 또한 동시이행의 관계에 있다(2004다32992).
동시이행관계의 부인	㉠ 채권담보의 목적으로 저당권설정등기(90다9872)·소유권이전등기(80다1629) 또는 가등기 및 그에 기한 본등기(84다카781)를 한 경우에 채무변제(선이행의무), ㉡ 질권의 목적물 반환과 채무변제(선이행의무), ㉢ 제소전 화해조항에 채무원금 지급과 담보가등기 말소를 동시이행하도록 규정하고 있는 경우에는 그 변제기까지 원금을 지급하는 경우에만 그 조항

	이 적용되고 변제기 이후에는 채무변제와 담보권 말소의 일반원칙으로 돌아가 채무의 이행이 선이행관계(89다카20481), ㉣ 변제(선이행)와 채권증서의 반환(2003다22042), ㉤ 토지거래허가구역 내의 거래에서 토지거래허가신청절차협력의무(선이행)와 매수인의 매매대금 지급의무, ㉥ 임대인의 임차보증금 반환의무는 주임법 제3조의3에 의한 임차권등기 말소의무보다 선이행의무(2005다4529), ㉦ 건물매수인이 아직 건물의 소유권을 취득하지 못한 채 매도인의 동의를 얻어 제3자에게 임대하였으나 매수인(임대인)의 채무불이행으로 매도인이 매매계약을 해제하고 임차인에게 건물의 명도를 구하는 경우, 임차인의 건물명도의무와 매수인(임대인)의 보증금반환의무(90다카24939), ㉧ 임대차계약 해제에 따른 임차인의 임대차계약의 이행으로 이루어진 목적물 인도의 원상회복의무와 임대인이 임차인에게 건물을 사용수익하게 할 의무를 불이행한 데 대하여 손해배상을 하기로 한 각서에 기하여 발생된 약정지연손해배상의무(90다카25383)

3. 위험부담★★(2차)

(1) 의 의

ex) X도자기 매매계약

A매도인 ─┬ X도자기 - 후・불(매도인의 귀책사유×) ─ B매수인
　　　　　└ 1,000万 ??

- ① 쌍무계약
- ② 후발적 불능 ※ 일부불능
- ③ 채무자의 귀책사유×

※ 법률행위의 목적이 불능인 경우의 법률효과 개관

도자기멸실

매매 | 계약

원시적 불능: 무효

불능인 채무의 불성립, 쌍무계약의 경우의 대가적 의미의 채무 불성립(성립상의 견련성)

§535 체약상 과실→신뢰이익의 배상 (이행이익 한도)

원시적 일부불능

§137 일부무효
- 전부불능 : 무효
- 일부불능 : 유효 (§574・§580 담보책임)

후발적 불능: 유효

by 채무자의 귀책사유 유무

○: 채・불- 이행불능
효과 : 전, 해, 대
・일부불능: §137

×:
- 급부위험: 채권자부담(채무소멸)
- 대가위험:
  - §537채무자 위험부담 -대금청구×→if)지급○ ┌부당이득 └대상청구권
  - §538채권자위험부담-대금청구○
    - 채권자의 귀책사유
    - 수령지체후 쌍방귀책사유×

※ §537 채무자 위험부담

◦일부불능 (通)
- 목적달성○ - 불능부분
  - 채무×
  - 상응하는 반대급부×
- 목적달성× - 전부불능

㉯ §137 일부무효법리

◦대상청구권 행사○ - 상응하는 반대급부의무○

(2) 위험부담에 관한 입법주의

- 채무자주의
- 채권자주의
- 소유자주의

(3) 채무자 위험부담의 원칙

- ① 쌍무계약
- ② 후발적 불능 ※ 일부불능
- ③ 당사자 쌍방의 귀책사유 ×

ex) X가옥 매매계약

A매도인 ── X가옥(1,200万) - 800万 매매 ── B매수인
└ 후발적 불능(벼락 · 쓰나미) - 600万 보험금청구권

① 상대방 채무소멸 → 대금청구× ──if) 지급○──→ 부당이득

② 대상청구권(보험금청구권, 손 · 배채권)○ → 상대방 채무존속○ = 대금청구○

1,200:600 = 800:X

※ 대상청구권

채무X ──후발적 불능 / 채무자의 귀책사유○ · ×──→ 이익Y ex) 화재보험금청구권, 손 · 배채권

(4) 채권자의 유책사유로 인한 이행불능(채권자주의)

ex) 고용계약

A사용자 ── 부당해고 ── B근로자
└ 임금 지급청구○ - 중간수입(휴업수당 초과) 공제

1) 요 건

- 쌍무계약
- 후발적 불능
- 채무자의 귀책사유 ×

- 채권자의 책임 있는 사유
- 채권자의 수령지체 중에 쌍방의 책임 없는 사유

2) 효 과

- 상대방에게 이행청구○
- 채무자의 이익상환

Ⅲ. 제3자를 위한 계약★★(2차)

1. 서 론

(1) 의 의

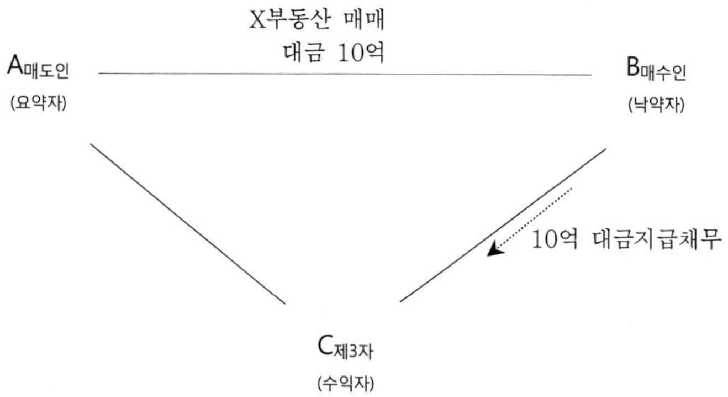

(2) 유효근거

(3) 법적 성질

(4) 사회적 작용

(5) 3자 사이의 법률관계 개관

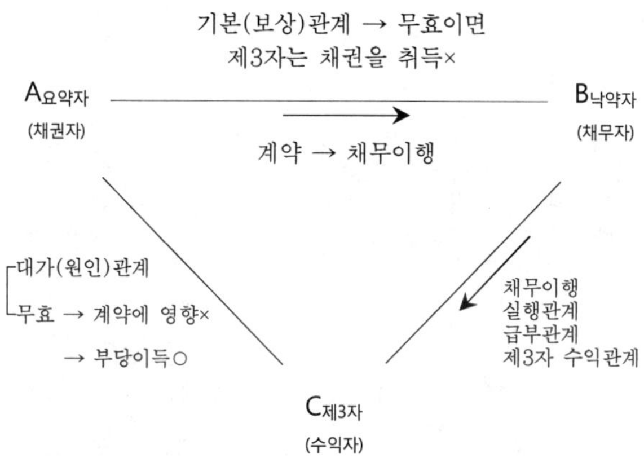

1) 낙약자 · 요약자 사이의 법률관계

기본관계(보상관계)

그것이 무효이면 제3자는 채권을 취득하지 못한다.

낙약자는 기본관계에 기한 모든 항변으로 제3자에 대항○(§542)

2) 낙약자 · 제3자 사이의 법률관계

실행관계(급부관계, 제3자 수익관계)

3) 요약자 · 제3자 사이의 법률관계

대가관계(원인관계)
- 그것이 존재하지 않더라도 낙약자는 의무를 부담
- 낙약자는 제3자 수익의 원인관계에 기한 항변을 가지고 제3자에게 대항 ×
- 다만 요약자는 제3자에 대하여 부당이득반환청구 ○

2. 제3자를 위한 계약의 성립

(1) 성립요건

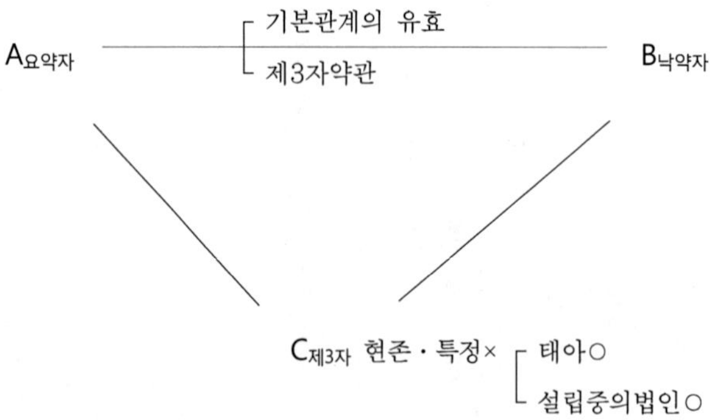

(2) 구체적인 경우

<제3자를 위한 계약>

제3자를 위한 계약인지의 판단기준	제3자를 위한 계약이라 함은 통상의 계약이 그 효력을 당사자 사이에서만 발생시킬 의사로 체결되는 것과는 달리 계약 당사자가 자기 명의로 체결한 계약에 의하여 제3자로 하여금 직접 계약 당사자의 일방에 대하여 권리를 취득하게 하는 것을 목적으로 하는 계약인바, 어떤 계약이 제3자를 위한 계약에 해당하는지 여부는 당사자의 의사가 그 계약에 의하여 제3자에게 직접 권리를 취득하게 하려는 것인지에 관한 의사 해석의 문제이다(대판 1996.1.26. 94다54481).	
구 분		계약유형
제3자를 위한 계약	법률규정이 있는 경우	변제를 위한 공탁(제487조), 타인을 위한 보험(상법 제639조), 타인을 위한 신탁(신탁법 제51조) 등
	거래관행이나 행위의 성질에서 추단되는 경우	채무자와 인수인 간의 병존적 채무인수, 제3자명의로 예금계정을 개설하는 계약, 제3자에게 반환을 약정하는 소비대차계약 내지 임치계약, 주택분양보증(2003다45267) 등
제3자를 위한 계약이 아닌 경우		이행인수, 면책적 채무인수, 계약인수, 당좌예금계정계약 등

3. 제3자의 지위

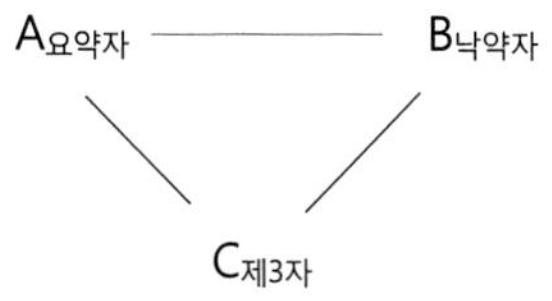

前　수익의 의사표시　後

- 제3자의 권리의 발생요건○(通)
- 제3자를 위한 계약의 성립요건×

(前)
- 일종의 형성권
- 일신전속권? × 多 - 채·대, 상속○

*제3자가 수익의 의사표시를 할 수 있는 기간
- 존속기간○ - 그 기간
- 존속기간× (§540)
  - 10년의 제척기간,
  - 낙약자의 최고, 확답× → 거절

(後)
채권을 계약으로부터 직접 취득 - 손·배○
→ 제3자의 권리를 변경 또는 소멸×
　(예외: 보류, 제3자의 동의)
수익자는 당사자×
　(선의·악의, 과실·무과실의 기준 - 요약자)
→ 해제권(원상회복청구권·의무)×, 취소권×
　수익자가 낙약자를 사기·강박한 경우 §110②
　제3자 보호규정(§107② 등)의 제3자×

(1) 제3자의 채권취득

1) 제539조의 의미

2) 수익의 의사표시의 법적 성질

3) 제539조 제2항의 강행규정성

- 강행규정설(절대적 요건설)
- 임의규정설(상대적 요건설)

4) 수익의 의사표시의 방법

제3자가 낙약자에게 이행청구를 하거나 이행의 소를 제기한 때○

(2) 수익의 의사표시 이전의 제3자의 지위

(3) 수익의 의사표시 후의 제3자의 지위

4. 요약자의 지위

ex)

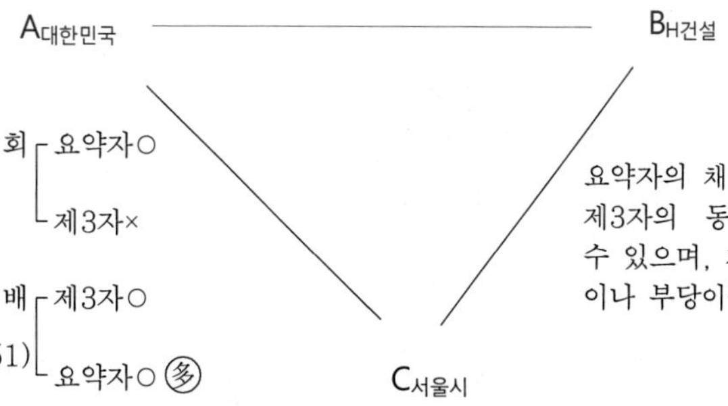

낙약자 채·불
- 해제권 → 원·회
  - 요약자○
  - 제3자×
- 손·배 (§390) = 손·배 (§551)
  - 제3자○
  - 요약자○ 多

요약자의 채·불 → 낙약자는 제3자의 동의 없이 해제할 수 있으며, 제3자는 원상회복이나 부당이득 반환의무×

(1) 요약자의 이행청구권 · 손해배상청구권 문제

(2) 요약자의 계약상의 지위

5. 낙약자의 지위

기본관계에 기한 항변으로 제3자에게 대항 ○ (§542)

6. 그 밖의 문제

(1) 제3자를 위한 처분행위(물권행위 · 준물권행위)

다수설은 유효성을 인정, 판례는 제3자를 위한 채무면제계약의 유효성을 인정

(2) 제3자의 부담을 목적으로 하는 계약

제3자에게 직접 채무를 부담시키기로 하는 계약은 무효

제3자에 대하여 채권을 취득시키면서 동시에 직접 의무 부담시키는 계약? 판례는 유효

(3) 제3자 보호효력 있는 계약

제7절 계약의 해제·해지★★★(2차)

Ⅰ. 계약해제 서설

1. 해제의 의의

※ 계약의 해제

X토지 매매계약

A매도인 —————— B매수인

*해제권의 발생 → 해제권의 행사 → 해제의 효과

§543 ┌ ☆약정해제권 - ☆계약(계약금 §565)
└ ☆법정해제권 ┌ 계약총칙 §544~§546 ┌ 이행지체(정기행위) └ 이행불능
└ 계약각칙 ┌ 증여(§555~§558) ├ 매매(§570~) └ 도급(§668~)

判) 계약해제권을 주장하는 자가 증명

2. 해제와 구별되는 제도

(1) 해제계약(합의해제)

X계약 ——Y해제계약(합의)——→ X계약 소멸

- 계약내용에 따라 / 부당이득
- §543~(×)
- §548① 단서 유추 - 제3자 보호(判)

(2) 해 지

(3) 취 소

(4) 해제조건과 실권약관

월부판매에 있어서 1회라도 대금지급을 지체하면, 계약은 효력을 잃고 매수인은 목적물을 반환하여야 한다고 약정하는 경우 → 실권약관

- 해제조건부 계약
- 判 채무자보호(이행지체○, 최고○)

- 중도금 → 효력○
- 잔금 - 등기서류제공○ → 효력○

判 §548① 단서 유추 - 제3자 보호

(5) 철 회

3. 해제의 사회적 작용

4. 해제할 수 있는 계약의 범위

(1) 법정해제의 경우

(2) 약정해제의 경우

Ⅱ. 해제권의 발생

1. 약정해제권의 발생

해제권의 보류에 관하여 특약을 한 경우 - 계약금이 교부된 경우(§565)

┌ 특약○
└ 특약이 없으면 §543~ (○)

§544~§546(×): 채·불 전제

§547(○)

§548, §549 ┌ 원칙: 원상회복의무○
└ 계약금계약: 원상회복의무×

§551(×): 손·배

2. 법정해제권의 발생

(1) 서 설

┌ 채무불이행 ┌ 이행지체(§544, §545) ※ 이행거절
※ 判 ┌ 주된 채무 - ○
└ 부수적 채무 - ×
├ 이행불능(§546): 후발적불능+귀책사유 송 일부불능
└ 불완전이행(§544~§546유추) 송 ┌ 불완전급부
判 (이행지체, 이행불능 유추) └ 기타의 행위의무 위반
├ 채권자지체? ┌ 채무불이행설 ○
└ 법정책임설 ×
└ 사정변경의 원칙 - 通 ○
判 ○, but 구체적 사례×

(2) 이행지체의 경우(§544 · §545)★★

요건 ┌ ① 채무자의 귀책사유에 의한 이행지체가 있을 것
├ ② 상당한 기간을 정하여 이행을 최고할 것
└ ③ 최고기간 내에 이행 또는 이행의 제공이 없을 것

1) 보통의 이행지체의 경우(계약이 정기행위가 아닌 경우)

① 채무자의 귀책사유에 의한 이행지체가 있을 것

* §544 vs §546 귀책사유? 通 ○

* 도, 가, 귀, 위 → 동시이행항변권×(이행의 제공○)

② 상당한 기간을 정하여 이행을 최고할 것

* 기한 없는 채무 - 중복적인 최고×

* 정지조건부 해제 - ○

┌ 과대최고?
└ 과소최고?

* 상당한 기간× ┌ 최고○
cf) §15 최고 └ 상당한 기간 경과 후○

예외 ┌ 이행거절
└ 정기행위
※ - 이행불능

③ **최고기간 내에 이행 또는 이행의 제공이 없을 것**

┌ 채무자의 귀책사유○
└ 채권자는 최고기간에도 이행의 제공○ - 엄격×

④ **해제권의 발생요건을 경감하는 특약**

⑤ **이행지체에 의한 해제권의 발생과 소멸**

2) 계약이 정기행위인 경우

┌ 최고×(§545), 귀책사유○
└ 해제의 의사표시○

(3) 이행불능의 경우(§546)★

채무자에게 책임 있는 사유로 이행불능된 때

해제권? ┌ 최고×
└ 이행의 제공×

책임 없는 이행불능 - 위험부담 문제

일부불능 ┌ ㊂·㊊ - 목적달성 가부에 따라
└ ㊎ - §137

(4) 불완전급부의 경우

㊐ - 불완전이행○ - 이행지체나 이행불능을 유추하여 해제권을 인정(㊊)
㊎ ┌ 불완전급부○
└ 기타의 행위의무 위반○

* 주는 채무 ┌ 불완전급부○
└ 하자담보책임(§580·§581)○

(5) 기타의 행위의무 위반의 경우

계약의 목적을 달성할 수 없는 때 ㉠

(6) 채권자지체의 경우

* 법적 성질 ┌ 채무불이행책임설 ○
해제권? └ 법정책임설 ×

(7) 사정변경의 원칙에 의한 해제권의 발생

사정변경의 원칙 ┌ 학설: 신의칙의 파생적 원칙으로 인정○
해제권? └ 판례: 근래에는 인정○, 구체적 사례×

(8) 부수적 채무(정확하게는 부수적 급부의무)의 불이행의 경우

해제권? ┌ 주된 채무 불이행○
└ 부수적 채무 불이행×

Ⅲ. 해제권의 행사

(1) 해제권의 행사방법

§543

(2) 해제권의 불가분성

§547

Ⅳ. 해제의 효과

1. 서 설

해제의 효과 ┌ §548 원상회복
├ §549 동시이행
└ §551 손해배상

해제의 효과 이론 ┌ 직접효과설 ┌ 물권적 효과설 ㊢·㊕
│ └ 채권적 효과설
└ 청산관계설

2. 해제의 효과에 관한 이론과 그에 따른 효과의 개관

X토지 매매 → 등기○　　　　X토지 전매 → 등기○

A매도인 ──────→ B매수인 ──────→ C전득자

매매계약 해제

② 계약의 소급적 실효

① 이론구성　　㉠ 물권의 복귀?　　㉡ 제3자 보호문제 (등기·인도 등으로 완전한 권리 취득자, 대항요건○)

- 직접효과설: 소급무효(多·判)
  - 물권적효과설: 물·행·독·무×(判) → 소유권복귀○ → §548 ①단서 - 필요적규정
  - 채권적효과설: 물·행·독·무○(少) → 복귀○ → §548 ①단서 - 주의적규정 (등기와 물·행 필요)
    - 매매계약 → 물행+등기
    - 법률상원인× → 부당이득반환
- 청산관계설: 청산관계로 전환(장래효○): 매매계약(○) → 물·행+등기(○) => 청산

③ 원상회복의무(§548)
④ 손해배상(§551)
⑤ 동시이행(§549)

(1) 이 론

<해제의 법적구성>

구 분	직접효과설(통설 · 판례)	청산관계설
해제효과의 내용	채권관계의 소급적 소멸	장래에 향하여 동일성을 유지한 채 청산관계로 변용
물권의 복귀와 제3자보호 규정	• 채권적 효과설은 물권자체를 원상회복시킬 의무 발생(물권행위의 독자성·무인성 인정), 제3자는 당연보호(주의적 규정) • 물권적 효과설(판례)은 물권은 당연히 복귀(물권행위의 유인성), 제3자 보호문제 있음(특별규정)	• 해제에 의해서 급부받은 것의 반환의무 인정하며, 물권변동은 유효 • 제3자는 당연보호(대항규정)
원상회복의무 · 손해배상의무	• 부당이득반환이나, 범위에 있어서 특칙으로 원상회복(제548조) • 채무불이행-이행이익의 배상(모순, 실질적 공평) • 공평의 원칙상 동시이행관계 준용	• 원래의 채권관계의 연속을 전제로 원상회복(부당이득반환이 아님)과 손해배상의무 인정(모순 없이 설명가능) • 동시이행의 항변권 당연적용

(2) 해제의 효과 개관

① 계약의 소급적 실효, ② 원상회복의무, ③ 손해배상, ④ 동시이행

3. 계약의 소급적 실효

(1) 소급적 실효의 구체적인 결과

1) 채권 · 채무의 소멸

2) 물권 등의 권리가 이전(설정)된 경우

판례는 물권적 효과설(물권은 당연히 그 계약이 없었던 원상태로 복귀)

3) 기 타

(2) 제3자의 범위

1) 서 설

2) 제3자의 범위

〈제3자의 보호〉

문제의 제기	물권적 효과설에 따르는 판례에 의할 때, 해제로 인하여 물권 등이 당연히 복귀되는 경우에, 해제된 계약에 기하여 새로운 권리를 취득한 제3자의 보호가 문제되는바, 제3자의 권리 내지 거래의 안전을 보호하기 위하여 제548조 제1항 단서가 해제의 소급효에 일정한 제한을 가하고 있다. 채권적 효과설이나 청산관계설에 의하면 이러한 문제가 발생하지 않는다.
제3자의 범위	이 때 제3자는 원칙적으로 해제의 의사표시가 있기 전에 해제된 계약으로부터 생긴 법률관계를 기초로 하여 새로운 권리를 취득한 자를 의미하는데, 그 제3자가 등기나 점유와 같은 공시방법을 갖춘 자를 말하며(대판 1991.5.28, 90다카16761), 그의 '선·악의'는 불문한다.→보호되는 제3자의 범위의 확장: 계약해제로 인한 원상회복등기 등이 이루어지기 이전에 계약의 해제를 주장하는 자와 양립되지 아니하는 법률관계를 가지게 되었고 계약해제 사실을 '몰랐던' 제3자에 대하여는 계약해제를 주장할 수 없다(대판 1985.4.9. 84다카130).
제3자에 해당	㉠ 해제된 매매계약의 매수인으로부터 목적물을 매수하여 소유권을 취득한 자(대판 1992.12.8. 92다21395), 그 목적물에 저당권이나 질권을 취득한 자 ㉡ 甲이 乙과의 교환계약에 의하여 취득한 토지를 丙이 甲으로부터 전득하고 자신 앞으로 바로 소유권이전등기를 마친 丙(대판 1997.12.26, 44860) ㉢ 해제된 계약에 의하여 채무자의 책임재산이 된 계약의 <u>목적물을 가압류</u>한 가압류 채권자(대판 2000.1.14, 99다40937) ㉣ 대항요건을 갖춘 임차인(대판 1996.8.20, 96다17653) ※〈비교판례〉<u>주택매매계약에 부수하여 매매대금수령 이전에 매수인에게 임대권한을 부여한 경우</u>, 이는 <u>매매계약의 해제를 해제조건으로 한 것으로서 매수인이 주택을 임대한 후 매도인과 매수인 사이의 매매계약이 해제됨으로서 해제조건이 성취되어 그때부터 매수인이 주택을 전세놓을 권한을 상실하게 되었다면 임차인은 권한 없는 자와 전세계약을 체결한 임차인과 마찬가지로 매도인에 대한 관계에서 그 주택에 대한 사용·수익권을 주장할 수 없게 되어</u> 매도인의 명도청구에 대항할 수 없는바, 이러한 법리는 주택임대차보호법상의 대항요건을 갖추었거나 확정일자를 부여받았다 하더라도 마찬가지다(대판 1995.12.12. 95다32037).
제3자에 불해당	㉠ 계약상의 채권을 양수한 자나 그 <u>채권 자체</u>를 압류 또는 전부한 채권자(대판 2003.1.24, 2000다22850) ㉡ 해제에 의하여 소멸되는 계약상의 채권을 양도받은 양수인이나 그 채권의 가압류채권자(대판 2000.9.5, 2000다16169) ㉢ 계약이 해제되기 이전에 계약상의 채권을 양수하여 이를 피보전권리로 하여 처분금지가처분 결정을 받은 경우(대판 2000.8.22, 2000다23433) ㉣ 아파트분양신청권이 전전매매된 후 최초의 매매당사자가 계약을 합의해제한 경우, 그 분양신청권을 전전매수한 자(대판 1996.4.12, 95다49882) ㉤ 토지를 매도하였다가 대금지급을 받지 못하여 그 매매계약을 해제한 경우에 있어 그 토지 위에 신축된 건물의 매수인(대판 1991.5.28, 92다카16761) ㉥ 중간생략등기에서 최종매수인은 그 토지를 매매계약에 의하여 전득한 매수인이기는 하나 완전한 권리를 취득한 자라고 할 수 없으므로 매매계약의 합의해제에 의하여 권리를 해하지 못하는 제3자에 해당하지 않음(대판 1980.5.13, 79다932) ㉦ 건축주 허가명의만을 양수한 자(대판 2007.4.26. 2005다19156) ㉧ 계약당사자의 권리의 포괄승계인, 제3자를 위한 계약의 수익자

4. 원상회복의무

채·불 ┌해제 ┌원상회복의무(§548) ┌부당이득반환의무(§741, §748) 특칙
└받은이익전부반환(금전+이자, §548.②) - §201과실수취권×
지연이자×, 소·촉·법 연2할×
└손해배상(§551) ┌이행이익의 손해배상
㉶ └신뢰이익의 손해배상
㊁? · 위약금 - 손·배 예정추정○
· 동시이행(§549) ㉶ · 원상회복 & 손·배 -> 동시이행하라!
└ 손·배

(1) 성 질

직접효과설 - 원상회복의무(제548조 제1항 본문)는 부당이득(제741조)의 특칙

(2) 내 용

§548② 이자 ┌ 원상회복의무의 범위 - 소촉법 §3① 이율 ×
└ 소장을 송달받은 다음날부터 지체책임 - 소촉법 §3① 이율 ○

5. 해제와 손해배상청구

(1) 손해배상청구권의 성질

채무불이행으로 인한 손해배상청구권(㉶)

(2) 손해배상의 범위

┌ 이행이익의 배상을 구하는 것이 원칙
└ 신뢰이익의 배상을 구할 수 있음 ○

6. 해제와 동시이행

원상회복의무뿐만 아니라 손해배상의무도 동시이행관계에 있다.

Ⅴ. 해제권의 소멸

(1) 권리 일반에 공통하는 소멸원인(특기사항)

(2) 해제권에 특유한 소멸원인

Ⅵ. 계약의 해지

1. 해지의 의의

2. 해지권의 발생

- 법정해지권
  - 개별적(§610③ · §613② · §614§625 · §627 · §629 · §635 · §636 · §637 · §639 · §640 · §641 · §657 · §658 · §659 · §660 · §661 · §662 · §663 · §689 · §698 · §699 · §716 · §720 등)
  - 일반적 - §544~§546 유추?
- 약정해지권 - 특약

3. 해지권의 행사

4. 해지의 효과

(1) 해지의 비소급효

(2) 해지기간

(3) 이미 성립한 채무의 효력

(4) 청산의무

(5) 손해배상의 청구

제2장 계약각론

┌ 전형계약 - 14가지(재산권이전계약, 대차형계약, 노무공급계약, 기타)
└ 비전형계약 - 리스계약, 여행계약, 의료계약 등

◦ 재산권의 이전계약

A —— X재산권 —— B

반대급부
- ×: 증여계약☆
- ○
  - 금전 - 매매계약☆☆☆
  - Y - 교환계약

◦ 물건의 대차계약

A —— X대차 —— B

- 소비물 - 소비대차(다른X로 반환)
  - 이자×: 무이자소비대차
  - 이자○: 이자부소비대차
- ○비소비물(X로 반환)
  - 사용대차 - 차임×
  - 임대차☆☆☆ - 차임○

◦ 노무공급계약

A —— 노동력 제공 —— B

- 고용 - 종속적근로관계
- 도급☆☆ - 일의 완성
- 현상광고☆ - 광고 +지정행위의 완료
- 위임☆☆ - 사무처리
- 임치 - 물건의 보관

◦ 기 타

조합☆☆ : A B C (조합계약) ———— 공동사업, 경영

종신정기금: A —(종신토록 / 매월50万지급)— B

화해☆: A —(분쟁종지 / 상호양보)— B

ex) 교통사고 - 손·배합의

<전형계약의 분류>

재산을 대상으로 하는 계약	재산권의 이전을 목적으로 하는 계약	편무·무상·낙성·불요식 계약	무상양도	증 여
		쌍무·유상·낙성·불요식 계약	유상양도	매매…반대급부가 금전인 것
		쌍무·유상·낙성·불요식 계약		교환…반대급부가 금전 이외의 것
	물건의이용을 목적으로 하는 계약	편무·무상(원칙)·낙성·불요식 계약	빌린 물건 자체가 아닌 동종물을 반환	소비대차
		편무·무상·낙성·불요식 계약	빌린 물건 자체를 반환	사용대차…무상
		쌍무·유상·낙성·불요식 계약		임대차…유상
노무를 대상으로 하는 계약	채권자가 타인의 노동력을 지배하여 이를 이용하는 계약	쌍무·유상·낙성·불요식 계약	고용…채권자가 타인의 노동력을 지배하여 이를 이용하고 보수지급	
	채권자의 지배에 복종하지 않는 노무의 제공을 목적으로 하는 계약	쌍무·유상·낙성·불요식 계약	도급…노무에 의한 결과를 목적으로 하며 결과에 대하여 보수지급	
		편무·유상·요물 계약	현상광고…광고에서 정한 행위의 완료에 의하여 계약성립 및 보수지급	
		편무·무상(원칙)·낙성·불요식 계약	위임…사무처리를 목적으로 하는 계약이며, 무상이 원칙	
		편무·무상(원칙)·낙성·불요식 계약	임치…물건의 보관을 목적으로 하는 경우	
기타의 계약	공동사업의 경영을 목적으로 하는 단체를 설립하는 계약	쌍무·유상·낙성·불요식 계약	조합…2인 이상이 상호출자하여 공동사업을 경영할 것을 약정하는 상호간의 법률행위	
	종신까지 정기적으로 금전 또는 물건의 지급을 하는 계약	유상 또는 무상, 낙성·불요식 계약	종신정기금…정기금채무자가 자기나 상대방 또는 제3자의 종신까지 정기로 금전 기타의 물건을 상대방 또는 제3자에게 교부할 것을 약정함으로써 효력이 생기는 계속적 채권관계	
	당사자간의 상호양보로 분쟁 해결하는 계약	쌍무·유상·낙성·불요식 계약	화해…당사자가 서로 양보하여 분쟁을 끝낼 것을 약정하는 계약	

제1절 증여계약★

Ⅰ. 증여의 의의 및 성질

(1) 의 의

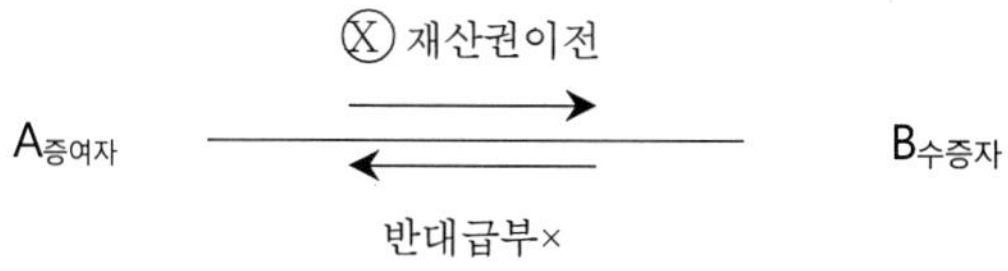

(2) 법적 성질

편무 · 무상 · 낙성 · 불요식 계약

Ⅱ. 증여의 효력

1. 증여자의 의무

2. 증여자의 담보책임

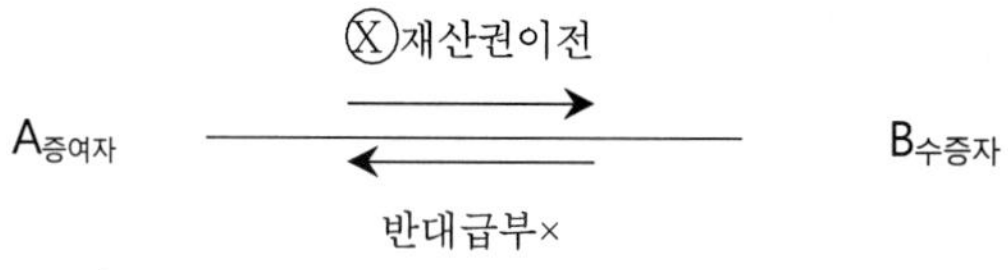

증여자의 담보책임(§559)
- ×(무상계약이므로)
- ○
  - 알고서 고지×
  - 부담부 증여

3. 증여의 해제★

해제권
- 약정해제권
- 법정해제권
  - 총칙 - 채무불이행 §544~
  - 각칙
    - 증여 (§555~§558)
    - 매매
    - 도급

① §555 서면에 의하지 않은 증여
② §556 망은행위
③ §557 사정변경

§558 이행 [부동산 - 등기 / 동산 - 인도]
→ 해제권×

ex) 토지증여 - 등기
A ←——— B
부양×

∴ §556 망은행위 - 부양의무(§974) ×
§558 등기 → 해제권×
부양의무 불이행: 채·불 → 해제권(§544) ○

(1) 증여의 의사가 서면으로 표시되지 않은 경우

- 증여의 의사표시는 수증자에 대하여 서면으로 표시
- 서면은 증여계약 체결시에, 그 후에도 계약이 존속하는 동안에는 작성○

(2) 망은행위가 있는 경우

- 증여자 또는 그 배우자나 직계혈족에 대하여 범죄행위가 있는 때
- 증여자에 대하여 부양의무가 있는 경우에 이를 이행하지 않은 때(§556)○

↳ §556 부양의무
- §974의 직계혈족 및 그 배우자 또는 생계를 같이하는 친족간의 부양의무 ○
- 친족간이 아닌 당사자 사이의 약정에 의한 부양의무 ×

(3) 증여자의 재산상태가 악화된 경우

사정변경의 원칙을 입법화(§557)

Ⅲ. 특수한 증여

1. 부담부 증여★

ex) 토지소유자가 토지를 증여하면서 후에 나이가 들어 자신의 거동이 불편하면 수증자가 증여자 부부를 부양하고 그의 선조의 제사를 지내주기로 약속한 경우

- 편무·무상계약이지만, 부담의 한도에서 매도인과 같은 담보책임(§559②) ○
- 부담의무를 불이행한 때에는 증여계약이 이행되어 있더라도 그 계약을 해제 ○

2. 정기증여

정기증여는 증여자 또는 수증자가 사망한 때에는 효력을 잃는다(§560).

3. 사인증여

유증에 관한 규정
- 준용(§562)○ - 사인행위
- 준용× - 유증의 방식 등 단독행위 임을 전제로 하는 것

제2절 매 매★★★(2차)

제1관 서 설

Ⅰ. 매매의 의의

Ⅱ. 매매의 법적 성질

A매도인 → 재산권이전의무 → B매수인

A매도인 ← 대금지급의무 ← B매수인

◦ 성질: 쌍무, 유상, 낙성, 불요식

- 성립: 합의
- 효력
  - 매도인: 재산권 이전의무, 담보책임
  - 매수인: 대금지급의무

매매계약: 유상계약 —준용(§567)→ 다른 유상계약

담보책임 ex) 임대차

제2관 매매의 성립

Ⅰ. 서 설

Ⅱ. 매매의 성립요건

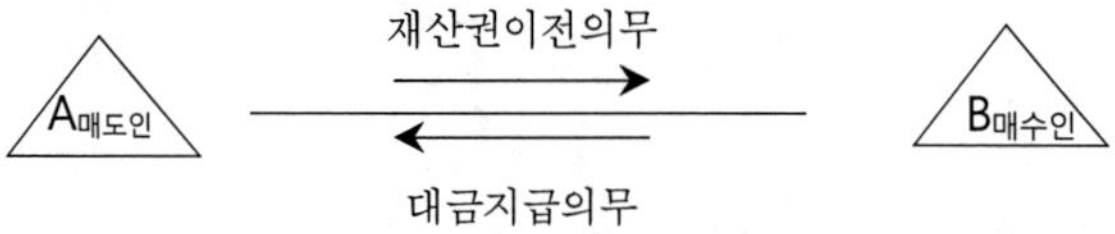

- 본질적 구성부분 - 합의○
- 부수적 구성부분 - 합의×

* 매매 목적물과 대금에 관한 합의○
* 토지의 매매는 지적공부상의 경계와 지적에 의하여 확정 ㉶

Ⅲ. 매매의 예약★

1. 매매예약의 종류

◦ 매매예약: 예약 → 본계약

- 편무예약 · 쌍무예약 → 청약+(승낙)의무?
  - 편무
  - 쌍무
  - if) 승낙× → 대용판결(§389)
- 일방예약 · 쌍방예약 → <u>예약완결권</u>행사
  - 일방§564, 일방예약 추정
  - 쌍방

↓

예약완결권
- 형성권
  - 예약이 성립한 때로부터 10년 - 제척기간○
  - 최고 - 확답× → 예약은 효력을 잃는다.
- 재산권
  - 양도, 상속○
  - 가등기

2. 매매예약의 작용

3. 매매의 일방예약

(1) 일방예약의 추정

(2) 성립요건

(3) 법적 성질

(4) 예약완결권

Ⅳ. 계약금★★(2차)

1. 계약금의 의의

계약금계약 성질 ┌ 요물계약
└ 종된 계약

2. 계약금의 종류

┌ 증약금
├ 해약금 - §565추정
└ 위약계약금 - 특약㊕

(1) 증약금(증약계약금)

(2) 위약계약금

㉠ 증약금
㉡ '특약'-위약금 ┌ 위약벌
└ 손·배예정(§398④) 추정
㉢ 해약금 -추정 §565

(3) 해약금

3. 해약금의 추정

불분명한 때에는 해약금으로 추정(§565①)
㊕: 위약계약금의 특약○ + 특별한 사정이 없는 한 해약금의 성질도 가짐○

4. 해약금의 효력

(1) 해약금에 기한 해제

A매도인 ——— X매매 / 10억 ——— B매수인

- 계약금: 1억
- 중도금: 5억
- 잔금: 4억 ↔ 등기

당사자 일방이 이행에 착수할 때까지
- 교부자는 포기
- 수령자는 배액상환: 제공○/공탁×

- 매수인 - 중도금 제공
- 매도인 - 인도, 등기서류 제공

(2) 효 과

소급 무효

- 손·배×
- 원상회복청구권×

※ 약정해제권 / 법정해제권(채·불)] 경합○

5. 기타의 문제

(1) 계약이 이행된 경우의 계약금의 반환

매매대금의 일부에 충당

(2) 선급금

V. 매매계약 비용의 부담

제3관 매매의 효력

I. 개 관

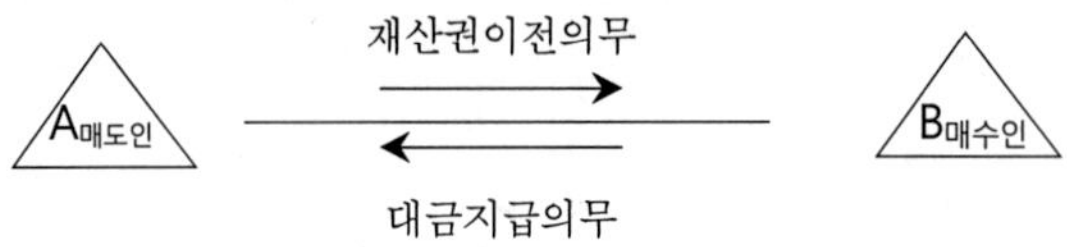

Ⅱ. 매도인의 재산권이전의무

- 재산권이전의무(100)＋인도
- 과실의 귀속
- 담보책임(100-20)

1. 재산권 이전의무

재산권 자체 이전
- 부동산매매에서는 등기＋인도
- 동산매매에서는 인도
- 지명채권의 매매에서는 양도의 통지와 같은 대항요건

2. 과실의 귀속

- 과실은 수취할 권리를 갖는 자에게 귀속(제102조 제1항)
- 매매계약 후 목적물의 인도 이전의 과실은 매도인○ － 매매대금의 완납×

Ⅲ. 매도인의 담보책임★★★(2차)

1. 매도인의 담보책임의 의의와 법적 성질

(1) 의 의

(2) 법적 성질

X재산권(100) 80^{-20}

A매도인 ―――――――――――――― B매수인

100万원

- 법정책임설: 유상계약의 등가성, (곽·송)
  - 본질 － 채·불
  - 연혁 －〈법정책임설〉
- 채·불설: 완전한 재산권 이전의무 불이행 － 특수한 채·불

경합㉥
- 계약책임
  - 채·불 － 불완전급부
  - 담보책임

  경합㉥
- 불법행위 책임○

2. 매도인의 담보책임의 내용 개관

(1) 담보책임의 발생원인

(2) 담보책임의 개괄적 내용

◎담보책임
- 해제권
  - 목적달성×
  - 선의○
  - 악의
    - ×
    - ○: §570, §576
- 손・배
  - 손해의 발생+무과실책임
  - 선의○
  - 악의
    - ×
    - ○ §576
  - 범위
    - 법・책・설: 신
    - 채・불・설
      - 이 ※判 §570・§572 - 이
      - 신
- 대금감액청구권 - 양적하자○ VS 질적하자×
  - §572, §574 / §575(×)
  - 선,악○ 선○
- 완전물급부청구권
  - 종류매매(§581)
  - 해, 손・배 대신

제척기간
- 1년: 권리의 하자
- 6월: 물건의 하자
- ×: §570, §576

기산점
- 선의: 안날부터
- 악의: 매매계약 체결시부터

3. 권리의 하자에 대한 담보책임

(1) 권리의 전부가 타인에게 속하는 경우

X(甲소유)매매

A매도인 ―――――――――― B매수인

유효§569 ※ 처분행위: 무효

이전불능-§570 담보책임
- 계약의 해제권 - 매수인B, 선・악○
- 손・배청구권 (매수인 선의○ 악의×)
  - 이행이익의 배상, 判, 채・불설
  - 신뢰이익의 배상(법정책임설) ㉲

§571 선의 매도인 보호규정
- 해제권○
- 손・배의무
  - 매수인 선의○
  - 매수인 악의×

※ 매도인의 귀책사유○ → 채・불 - 이・불 ∴ 전, 해, 대
담보책임 VS 채・불 → 경합관계

1) 요 건

이전불능 - 사회통념상 해제권을 행사하는 것이 타당하다고 할 정도의 이행장애

미등기 전매
- ㊣通 타인의 권리매매
- ㊣判 타인의 권리매매 ○・× - 통일×

2) 책임의 내용

악의의 매수인
- 제570조에 의하여 담보책임으로서 손해배상을 청구×
- 매도인에게 유책사유가 있는 경우에 채무불이행책임○

3) 선의의 매도인의 해제권

(2) 권리의 일부가 타인에게 속하는 경우

X(100)매매 X중 일부(20) 甲소유

A매도인 ―――――――――― B매수인

유효

↓

이전불능-§572 담보책임
- 대금감액청구권 - 선・악○
- 계약해제권 ┐ 선○ 매수인
- 손・배채권 ┘ 악×

§573 제척기간 1년

1) **요 건**

수개의 권리를 일괄하여 매매의 목적으로 정한 경우에 일부를 이전할 수 없는 때에도 제572조를 적용

2) **책임의 내용**

(3) 권리의 일부가 존재하지 않는 경우(목적물의 수량부족 · 일부멸실)

X매매(100평-20평=80평)

A매도인 ———————————————— B매수인

㉠ 수량지정매매 - 특정물매매
→ 수량부족
㉡ 원시적 일부불능

담보책임 (§574)
- 대금감액 — 선○ 매수인
- 해제권 — 악×
- 손·배

→ §572 · §573 제척기간 1년

· 수량지정매매 - 매매의 목적인 특정물이 일정한 수량을 가지고 있다는 데 주안을 두고 대금도 그 수량을 기준으로 정한 경우(㉫)

1) **요 건**

2) **책임의 내용**

(4) 재산권이 타인의 권리에 의하여 제한받고 있는 경우

1) **용익적 권리에 의하여 제한받고 있는 경우**

Ⓧ매매

A매도인 ———————————— B매수인

목적달성× - §575 담보책임
- 대금감액×
- 해제권 — 선○
- 손·배 — 악×

제척기간 1년

① 매매의 목적물이 지상권 · 지역권 · 전세권 · 질권 · 유치권 또는 주임법이나 상임법에 의하여 대항력을 가지는 임차권이나 채권적 전세의 목적이 되어 있는 경우
② 매매목적 부동산을 위하여 존재할 지역권이 없는 경우
③ 매매목적 부동산에 등기된 임대차계약이 없는 경우

2) **저당권 · 전세권에 의하여 제한받고 있는 경우**

X(甲저당권)매매

A매도인 ———————————— B매수인

㉠ 매매의 목적이 된 부동산에 설정된 저당권 또는 전세권의 행사로 인하여 매수인이 그 소유권을 취득할 수 없거나 취득한 소유권을 상실한 경우(제576조 제1항. 대판 92다21784).
- 가등기담보의 경우에도 유추적용(대결 96그64).
㉡ 매매의 목적이 된 부동산에 설정된 저당권 또는 전세권의 실행에 의한 소유권의 상실을 피하기 위하여 매수인이 자신의 출재로 소유권을 보존한 경우(제576조 제2항).
㉢ 저당권의 목적으로 되어 있는 지상권이나 전세권이 매매의 목적인 경우(제577조).

담보책임 ┌ 해제권 / 손·배 / 구상권 ┐ 선,악○

제척기간×

매수인의 출재특약이 있는 경우 - 매수인이 저당권의 피담보채무 또는 전세금반환채무를 인수하거나 그 이행을 인수하는 것이 보통인바, 이러한 경우에는 제576조가 적용되지 않는다(대판 2002다11151).

4. 물건의 하자에 대한 담보책임(하자담보책임)

(1) 의 의

◦ 물건의 하자 ┌ 특정물 매매 (§580)
└ 종류 매매 (§581)

(2) 요 건

X매매

A매도인 ———————— B매수인

① 매매 목적물의 하자 ② 선의, 무과실

하자개념 ┌ 객관설 / 주관설 / 병존설

법률적 장애 ┌ 권리의 하자(§575) ㊌
└ 물건의 하자(§580) ㊏,㊕

하자결정의 기준시기
→ 특정물매매-계약성립시(判例)

담보책임 ┌ 해제권 / 손・배 / ※완전물급부청구권

* 제척기간 : 안날부터 6월, 재판상 또는 재판외의 권리행사기간
* 하자담보에 기한 손해배상청구권의 소멸시효 - 매수인이 매매의 목적물을 인도받은 날부터 진행 ○

1) 매매의 목적물에 하자가 있을 것

① 하자 개념

판례는 「매매의 목적물이 거래통념상 기대되는 객관적 성질・성능을 결여하거나, 당사자가 예정 또는 보증한 성질을 결여한 경우」에 매도인이 담보책임을 진다고 하며(대판 2001.6.26. 2000다44928), 다른 한편으로 「물건이 통상의 품질이나 성능을 갖추고 있는 경우에도 당사자의 다른 합의가 있으면」 예외가 인정된다고 한다(대판 2002.4.12. 2000다17834).

② 법률적 장애

벌채목적으로 매수한 토지가 보안림 구역이어서 벌채하지 못하게 되거나, 건축을 목적으로 토지를 매수하였는데 건축허가가 나오지 않는 지역인 경우(대판 2000.1.18. 98다18506), 트럭을 매매하여 즉시 운행하려 하였는데 매도인이 불법운행하여 150일간 운행정지 처분된 트럭이었던 경우(대판 1985.4.9. 84다카2525)

③ 하자결정의 기준시기

판례는 특정물매매에 관하여 계약성립시(대판 2000.18. 98다18506)

2) 매수인의 선의 · 무과실

(3) 책임의 내용

제척기간 ┌ 안 날로부터 6월의 제척기간에 걸린다(제582조).
　　　　　└ 재판상 또는 재판 외의 권리행사기간이고 출소기간은 아니다(2003다20190).

소멸시효 - 하자담보에 기한 손 · 배 - 인도받은 때(소유권이전등기일)부터 10년(제162조)

5. 채권의 매도인의 담보책임

(1) 서 설

채권에 권리의 하자가 있는 경우: §570 ~ §576

(2) 채무자의 자력에 대한 담보책임

채무자에게 변제자력이 없는 경우: §580 유추×(§579의 반대해석)

(3) 채무자의 자력을 담보하는 특약이 있는 경우

채무자의 자력을 담보하는 특약이 있는 경우: §579

6. 경매에 있어서의 담보책임

(1) 서 설

① A채무자 / 물·보　　X경매 ┌ 공경매 / 유효
　　　　　　　　　　　　　　└ 권리의 하자

———————————————————— C매수인

담보책임 ┌ ①채무자에게 해제 또는 대금감액 청구
　　　　├ ②배당받은 채권자에게 대금반환청구
　　　　└ ※손 · 배 - 알고

② B채권자

┌ 공경매○　┌ 경매절차 유효 - 담보책임○　┌ 권리의 하자○
└ 사경매×　└ 경매절차 무효 - 부당이득○　└ 물건의 하자×

(2) 권리에 하자가 있는 경우

1) 제1차의 책임자

제1차적으로 채무자에 대하여 계약을 해제하거나 대금감액을 청구(§578①)

물상보증인의 소유인 때에는 물상보증인이 책임

2) 제2차의 책임자

채무자가 무자력인 때에는 대금의 배당을 받은 채권자 - 경락인은 그 채권자에 대하여 그 받은 대금의 전부나 일부의 반환을 청구할 수 있다(§578②).

3) 손해배상의무

손해배상책임은 원칙적으로 생기지 않으나, 채무자가 물건 또는 권리의 흠결을 알고 고지하지 않은 때와 채권자가 이를 알고 경매를 청구한 때에는 예외적으로 채무자나 채권자가 손해배상책임을 진다(§578③).

7. 담보책임과 동시이행

§583

8. 담보책임에 관한 특약

- 담보책임 배제 · 경감 또는 가중하는 특약 - 유효
- 매도인이 알고 고지×, 제3자에게 권리 설정 · 양도 - 무효(§584)

9. 담보책임과 착오의 관계

담보책임에 관한 규정만 적용(㊔)

Ⅳ. 매수인의 의무

1. 대금지급의무

재산권 이전

매도인 ——————— 매수인

대금지급

(1) 대금지급시기

(2) 대금지급장소

- 지참채무의 원칙(§467②)
- 목적물의 인도와 동시에 대금을 지급할 경우 그 인도장소에서(§586)

(3) 대금의 이자

┌ 목적물의 인도× - 이자 지급×
└ 목적물의 인도○ - 이자 지급○

(4) 대금지급거절권

1) 요 건

매매목적물에 대하여 권리를 주장하는 자가 있어서 매수인이 매수한 권리의 전부나 일부를 상실할 염려가 있는 경우

2) 효 과

그 위험의 한도에서 대금의 지급을 거절할 수 있다(§588).

2. 매수인의 목적물 수령의무 존재 여부

Ⅴ. 환 매

1. 환매의 의의 및 작용

2. 환매의 요건

3. 환매의 실행

4. 재매매의 예약

Ⅵ. 특수한 매매

1. 할부매매

* 매수인의 철회권 : 계약서를 교부받은 날부터 7일

〈소유권 유보부 매매〉

〈벽걸이TV 매매〉

S전자 매도인 ———————— A매수인

12개월 할부

┌ 물권행위 + 인도(§188)
└ 소유권 유보부 매매 - '대금채무담보'
　↳ ㊔, 정지조건부 소유권 양도

교과서 체계 ┌ ㉮곽 → 김, 지 (비전형담보편)
　　　　　└ ㉯송 할부거래법 (매매편)

2. 방문판매 · 전화권유판매 · 다단계판매 · 통신판매

3. 견본매매 · 시험매매

제3절 교 환

Ⅰ. 의의 및 성질

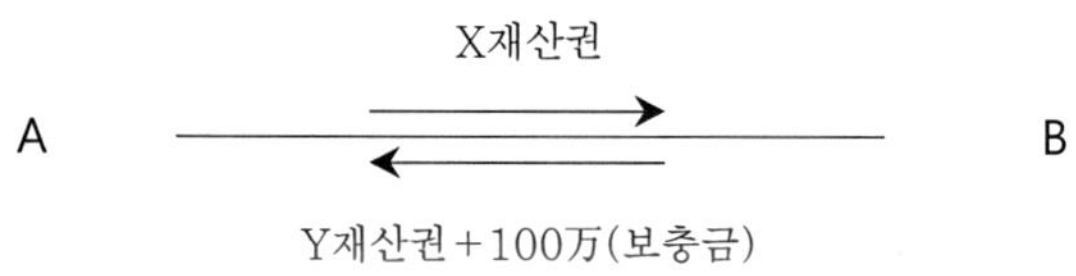

Ⅱ. 성립 및 효력

제4절 소비대차

Ⅰ. 서 설

1. 소비대차의 의의 및 사회적 작용

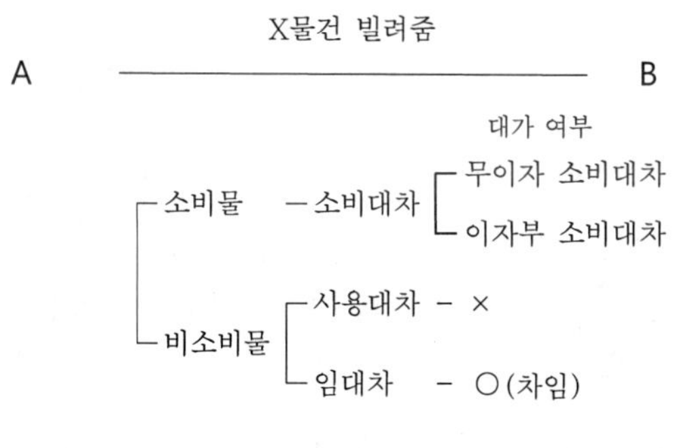

2. 소비대차의 법적 성질

Ⅱ. 소비대차의 성립

1. 소비대차의 성립요건

2. 소비대차의 실효와 해제에 관한 특칙

Ⅲ. 소비대차의 효력

1. 대주의 의무

(1) 목적물의 소유권을 이전하여 이용하게 할 채무

(2) 담보책임

2. 차주의 의무

(1) 목적물반환의무

1) 반환할 물건

※ 대물변제예약★★(2차)

100万 → 부동산, 자동차

A소비대주 ―――――――― B소비차주

대물(代物)변제 예약

100万 〉 부동산
100万 〈 부동산(200万) - §607 · §608위반: 무효 +가등기 · 소유권이전등기
㊊ 정산형 → 가담법

§607 → 그 재산의 예약 당시의 가액이 차용액 및 이자의 합산액을 넘지 못함

㉠ 판례는, 제607조 · 제608조는 소비대차계약 또는 준소비대차계약에 의하여 차주가 반환할 차용물에 관하여 대물변제의 예약이 있는 경우에만 적용되고(대판 1997.3.11. 96다50797), 널리 유상행위에 수반하여 예약이 있는 경우에 적용되는 것이 아니라고 한다(대판 1965.9.21. 65다1302). 구체적으로 대물변제(대판 1992.2.28. 91다25574), 계의 청산관계로 부담하게 된 채무를 변제하기 위하여 대물변제예약이 이루어진 경우(대판 1968.11.26. 68다1468), 경매(대결 1980.3.21. 80마77)에는 제607조 · 제608조가 적용되지 않는다고 한다. ㉡ 대물변제예약에 있어서 대신 급부하기로 한 목적물에는 제한이 없다. 따라서 부동산 · 동산뿐만 아니라 기타의 권리도 목적이 될 수 있다(대판 2002.7.9. 2001다46761).

2) 반환시기

(2) 이자지급의무(이자부 소비대차의 경우)

이자지급의무
- 이자를 지급하기 약정한 경우 ○ - 목적물의 인도를 받은 때로부터
- 상인이 그 영업에 관하여 금전을 대여한 경우(상 제55조 1항) ○

(3) 담보제공의무

Ⅳ. 준소비대차

(1) 의 의

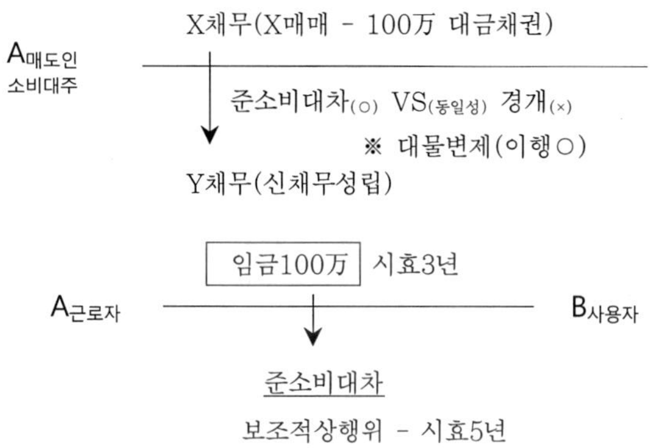

기존채무와 신채무는 원칙적으로 동일성이 있으므로, 기존채무에 관하여 존재하는 담보권·보증과 동시이행의 항변권은 그대로 존속한다. 그러나 소멸시효는 신채무의 객관적 성질에 의하여 결정된다.

(2) 성립요건

(3) 효 력

제5절 사용대차

Ⅰ. 사용대차의 의의 및 법적 성질

Ⅱ. 사용대차의 성립

Ⅲ. 사용대차의 효력

Ⅳ. 사용대차의 종료

제6절 임대차★★★(2차)

Ⅰ. 서 설

1. 임대차의 의의 및 성질

※ 임대차

'X물건'(권리 - 무명계약)의 사용·수익

A임대인 ──────────────── B임차인

(차임)지급

쌍무, 유상, 낙성, 불요식계약

2. 부동산임차권의 강화(물권화)

◦부동산임차권의 물권화
- ① 대항력 강화, ② 침해배제, ③ 임차권의 자유처분, ④ 존속기간의 보장
- 민법은 불충분/ 주임법·상임법 제정

Ⅱ. 임대차의 성립

(1) 성립요건

※ 임대차의 성립

A임대인 ──── ◦합의 ┌ 목적물 / └ 차임 ──── B임차인

(2) 목적물

임대인이 처분권을 가져야 하는 것은 아님

※ 리스(시설대여)계약

A매도인 ──── 의료기기·사무기기 매매 ──── B리스회사(매수인)

하자담보책임 제한 → 무효×

물건 인도 (A → C리스이용자)

리스계약
- 형식 - 임대차
- 실질 - 물적 금융

↓

임대차에 관한 규정 적용×

C리스이용자

Ⅲ. 임대차의 존속기간

존속기간 ┌정한○

(1) 최장기의 제한 ┌20년, §651, 강행규정○㉾ cf)지상권 전세권
└예외○ 영구무한?○㉾ ○

(2) 최단기의 제한 ┌민법× 30/15/5년 [×
└특별법, 주임법(2년) / 상임법(1년) ○(건물1년)

(3) 존속기간의 갱신
1) 계약 - 10년
2) 갱신청구권, §643, §283
임대차존속기간의 만료+지상물의 현존 → 임차인의 갱신청구권
→ 임대인 ┌OK
└NO: 임차인 지상물 매수청구권(성질: 형성권)

3) 법정갱신
[민법○
주임법, 상임법○(※ 갱신요구권)

└정하지×(§635) cf) 지상권, 전세권

· 해지통고(§635) - 해지기간 ×(§281) 소멸통고제도

※ 주임법(2년), 상임법(1년)

1. 계약으로 기간을 정한 경우

(1) 계약으로 정한 기간

(2) 임대차의 갱신(기간의 연장)

1) 계약에 의한 갱신

ex) 임차인의 지상물매수청구권

A임대인 (매수인) —— 임대차계약 —— B임차인 (매도인)

토지임대차의 존속기간의 만료 + 건물·수목 기타 지상시설이 현존
→ 임차인의 갱신청구 + 임대인이 거절한 때
(임대인의 해지통고○, 채무불이행을 이유로 임대차계약이 해지×)
→ 임차인이 매수청구권을 행사○ - 매매계약 성립(동시이행관계)

2) 묵시의 갱신(법정갱신)

2. 계약으로 기간을 정하지 않은 경우

3. 단기임대차의 존속기간

Ⅳ. 임대차의 효력

1. 서 설

※ 임대차의 효력

사용 · 수익 → 권리(임차권)

A임대인 ———————— B임차인

← 차임

※ 임대인의 의무
① 목적물을 사용 · 수익하게 할 의무
↓
- 목적물인도의무
- 방해제거의무
- 수선의무

② 비용상환의무
③ 담보책임
④ 기타의 행위의무

※임차인의 권리
① 임차권(목적물의 사용 · 수익권)
② 부속물철거권
③ 부속물매수청구권/지상물매수청구권
* 비용상환청구권

※임차인의 의무
① 차임지급의무
- §627 · §628차임증감청구권
- 공동임차인의 연대채무(§654 · §615)
- 2기의 차임연체와 해지

② 임차물보관의무 - 선관주의의무
③ 임차물반환의무/원상회복의무

2. 임대인의 의무

(1) 목적물을 사용 · 수익하게 할 의무(§623)

1) 목적물인도의무

2) 방해제거의무

3) 수선의무★

필요비상환 청구권??
- 임차인(§626①) ○
- 지상권자 · 전세권자(§309) ×

수선의무?
- 사소한 것×
- 수선하지 않으면 임차인이 사용 · 수익할 수 없는 상태로 될 정도○

수선의무 면제특약?
- 긍정설
- 부정설
- 판례○ - 특약에서 수선의무의 범위를 명시× → 특약에 의한 수선의무의 면제는 소규모의 수선에 국한 / 대규모의 수선은 임대인이 부담

(2) 비용상환의무(§626)★

┌ 필요비 상환의무(§626.①) - 유지·수선비: §623 - 즉시
└ 유익비 상환의무(§626.②) - 가치증대비용: §741(부당이득)

└임대차 종료시, 임대인의 선택에 의해 지출한 금액이나 증가액을 상환

∴ 유익비상환청구권(임의규정) vs(독립성○) 철거권, 부속물매수청구권(강행규정)

※ 유치권의 성립

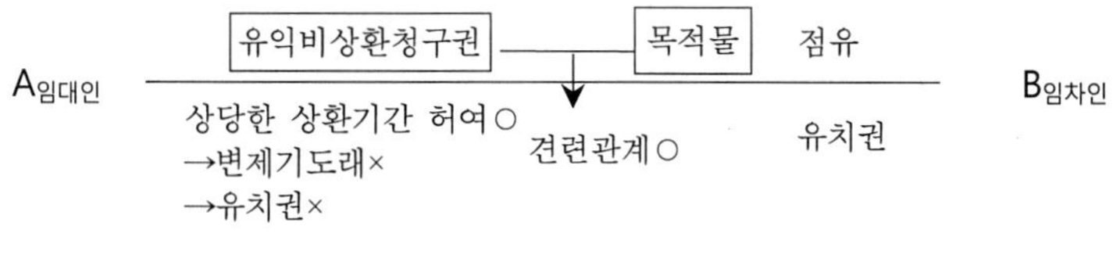

(3) 담보책임

§567

(4) 기타의 행위의무

보호의무? ┌ 통상의 임대차 ×
㉶ └ 숙박계약 ○

(5) 임대인의 지위의 양도

※ 임대인의 지위의 양도(대결 1998.9.2. 98마100)

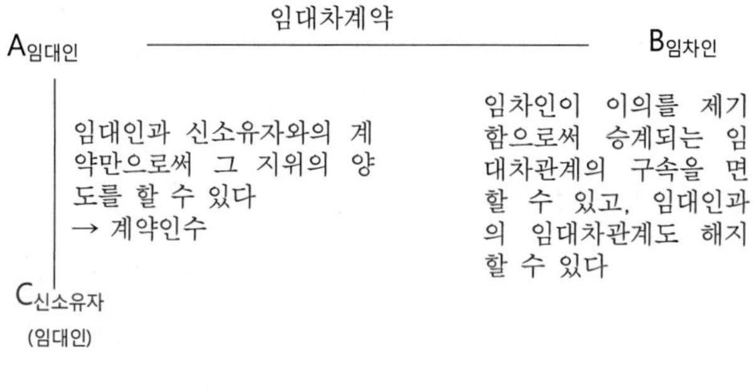

3. 임차인의 권리 · 의무★★(2차)

(1) 임차권

1) 의의 및 성질

2) 임차권(사용 · 수익)의 범위

3) 임차권의 대항력

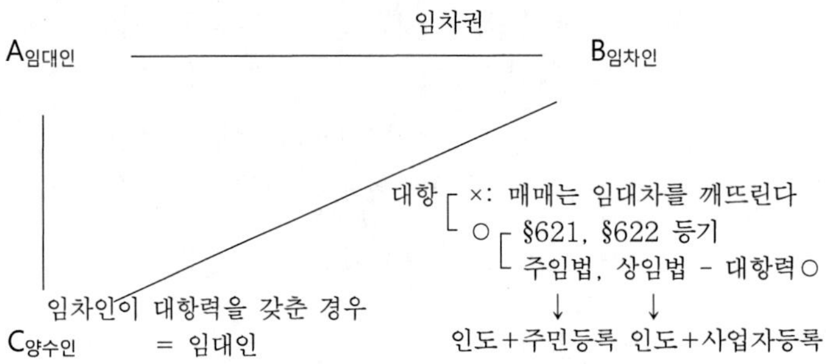

(2) 철거권

경우에 따라서는 임차인이 철거권과 함께 지상시설매수청구권이나 부속물매수청구권을 가질 수도 있다.

(3) 부속물 매수청구권

임차인의 투하자본 회수수단
- 비용상환청구권(§626) - 독립성×
- 철거권(§654 · §615) ┐
- 지상시설매수청구권(§643) ├ 독립성○
- 부속물매수청구권(§646) ┘

부속물 매수청구권
- 독립성 ex) 부속물 - 차양 · 출입문 · 샤시 · 전기 수도시설
- 임대인의 동의를 얻어 부속시켰거나 임대인으로부터 매수
- 건물 기타 공작물의 임차인
- 임대차가 종료한 때 - 채무불이행을 이유로 해지× (判)
- 편면적 강행규정
- 형성권 → 행사: 매매가 성립

임차인○ 임대인×
- 지상(물) 매수청구권 - §643 §283, 지○, 전× / §285. 지상권설정자
- <u>부속(물) 매수청구권</u> - §646 §316②, 전○, 지×, §316① 전세권설정자
  - ↳동의, 매수

<비용상환청구권 · 부속물매수청구권>

구 분		비용상환청구권	부속물매수청구권
의 의	독립성	구성부분(부합된 물건)	독립한 물건(독립성)
	권리의 성격	제626조는 부당이득반환청구권의 특칙	형성권
	규정의 성격	임의규정	편면적 강행규정
요 건	주 체	(토지 및 건물) 임차인 모두	건물 기타 공작물의 임차인

	동의 또는 매수 요부	제한 없다.	임대인의 동의를 얻어 부속한 물건 또는 임대인으로부터 매수한 부속물에 한한다.
	시기 및 종료사유 요부	필요비는 지출한때 즉시, 유익비는 임대차종료시 가액의 증가가 현존한 때에 임대인의 선택에 의한다. 채무불이행은 문제되지 않는다.	임대차 종료시에 인정되나, 통설은 임차인의 채무불이행에 기한 해지의 경우에도 인정하지만, 판례는 부정한다.
효 과	행 사	필요비는 지출비용 전액, 유익비는 실제지출액과 가치증가액 중 임대인의 선택에 의하여 상환한다. 증명책임은 임차인이 진다.	부속물매수청구권은 형성권으로, 매수청구의 의사표시만으로 매매 유사의 법률관계가 성립한다(동시이행).
	유치권 성립여부	성립가능, 유익비의 경우 법원에 의한 상당한 상환기간의 허여가 있으면 유치권 성립불가	성립불가(판례)
	포기가부	가능(임의규정)	불가(강행규정)
행사기간		㉠ 제척기간: 임차인이 임대인에게 목적물을 반환한 후 6월내 행사 ㉡ 소멸시효: 필요비는 지출한 때부터 소멸시효가 진행하고, 유치권을 행사할 수 있다. 유익비는 임대차가 종료한 때부터 진행하며, 상환기간 허여가 있으면 유치권을 행사할 수 없다.	·

(4) 차임지급의무

1) 서 설

요소?○, cf) 지×, 전○

2) 차임의 증감청구

[§627 - 임차물의 일부가 임차인의 과실 없이 멸실 기타 사유로 인하여 사용・수익×
§628 - 사정변경의 원칙

3) 차임의 지급시기

4) 부동산임대인의 법정담보물권

5) 공동임차인의 연대의무

수인이 공동으로 임차한 때 - 연대채무(§652)

6) 차임지급의 연체와 해지

[차임지급의 연체(2기)와 해지: §640, §641
cf) 소멸청구: 지상권(§287), 전(§311①), 유(§324③), 질(§343, §324③)

(5) 임차물보관의무

선관주의의무(§374)

(6) 임차물반환의무

┌ 임차물반환의무 - 이행불능 → 손 · 배○
└ 원상회복의무(§654, §615) - 철거권 vs 부속물매수청구권(vs 유익비상환청구권)

4. 임차권의 양도와 임차물의 전대★★(2차)

(1) 의의 및 성질

◦ 양도 ◦ 전대

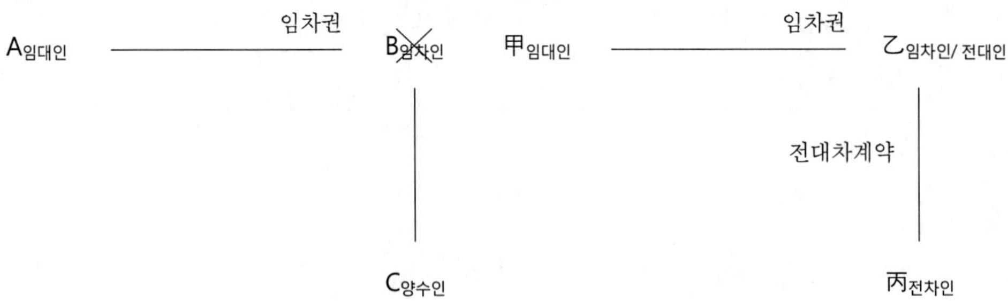

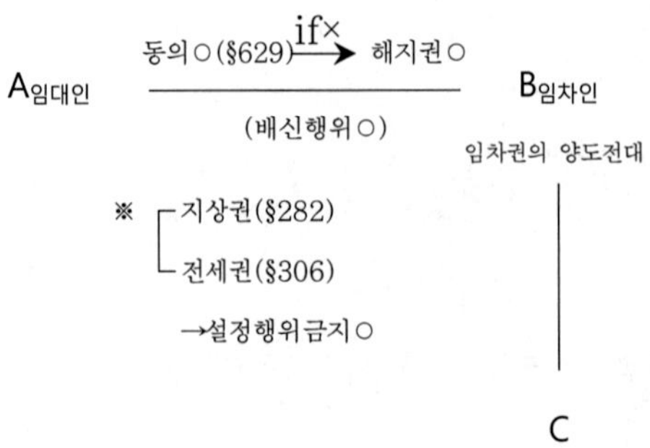

(2) 임대인의 동의

(3) 임대인의 동의 없는 양도 · 전대의 법률관계

1) 양도의 경우

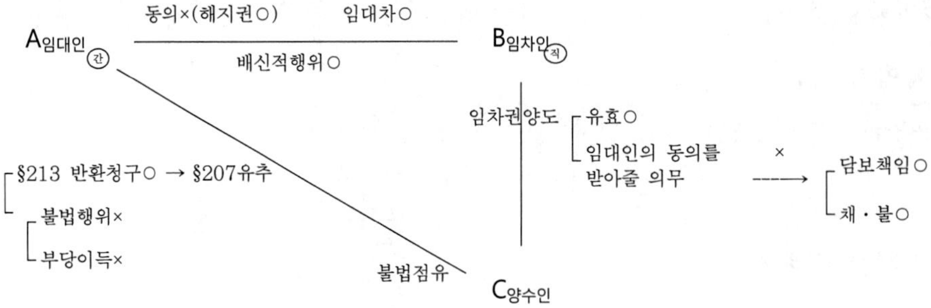

2) 전대의 경우

(4) 임대인의 동의 있는 양도 · 전대의 법률관계

1) 양도의 경우

2) 전대의 경우

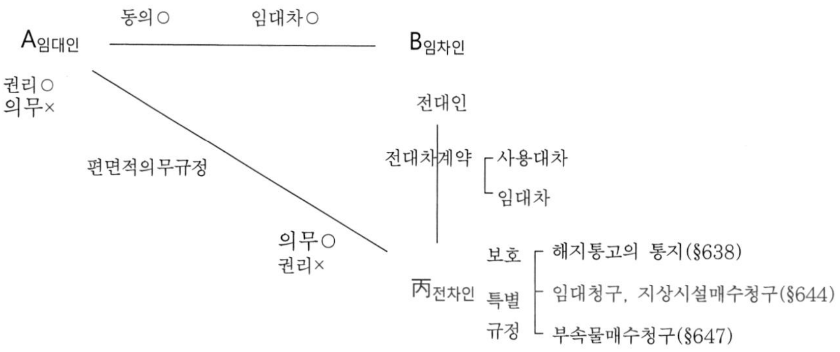

Ⅴ. 보증금 및 권리금

1. 서 설

2. 보증금★

(1) 의의 및 성질

※ 보증금의 성질

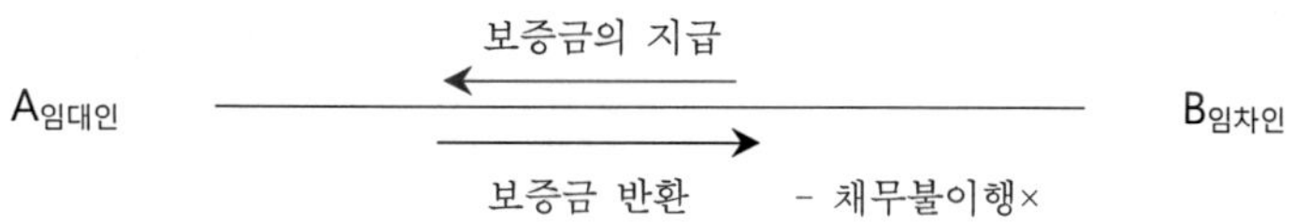

다수설은 임대차 종료 후 임차인이 목적물을 인도한 때에 임차인의 채무불이행이 없었을 것을 정지조건으로 하는 정지조건부 반환채무를 수반하는 금전소유권의 이전
판례는 보증금반환청구권의 발생시기는 건물 인도시라고 하며, 보증금에서 채무 등을 공제하려면 임대인이 공제 주장을 하여야 하고, 다만 그 발생한 채권이 소멸하였는지는 임차인이 주장·입증할 것이라고 함

보증금은 부동산임대차 특히 건물임대차에 있어서 임대인의 채권을 담보하기 위하여 임차인이나 제3자가 임대인에게 교부하는 금전 기타의 유가물

(2) 보증금계약

(3) 보증금의 효력

임대인의 모든 채권을 담보 - 반대약정이 없는 한 임대인의 모든 채권액이 별도의 의사표시 없이 보증금으로부터 당연히 공제

(4) 부동산소유권의 이전과 보증금의 승계

(5) 보증금반환청구권

목적물반환

A임대인 ←———→ B임차인

보증금반환
- 동시이행의 항변권○
- 유치권×
  - 불법점유× → 손·배×
  - 사용·수익○ → 부당이득 반환(차임 상당액)

3. 권리금

Ⅵ. 임대차의 종료

1. 임대차의 종료원인

(1) 존속기간의 만료

(2) 해지의 통고

(3) 해 지

2. 임대차종료의 효과★★★(2차)

목적물반환, 원상회복의무

A임대인 ←———→ B임차인

- 보증금반환청구권
  - 동시이행의 항변권○
  - 유치권×
- 비용상환청구권 - 유치권○
- 부속물매수청구권
- 지상물매수청구권
- 철거권

Ⅶ. 특수한 임대차

1. 채권적 전세

전세 ┌ 건물의 사용·수익 ┐ 등기○ - 전세권(§303~)
├ + 전세금 지급○ ┤ 등기× - 채권적전세 ⇒ 임대차 + 이자부 소비대차
└ + 차임× ┘ → 특수한 임대차(주임법 준용)

2. 주택임대차★★(2차)

(1) 적용범위

주임법의 ┌ 주택(주거용 건물) 임대차(+채권적 전세)○ + 대지○
적용범위 └ 일시사용을 위한 임대차 ×

(2) 대항력

A임대인 —— 주택임대차의 유효 —— B임차인

인도 + 주민등록(전입신고)
⇒ 다음 날부터 대항력(§3①)○
→ 계속 존속○

C양수인
‖
임대인(§3③)

판례는 강제경매에 있어서의 경락인(대판 92다12827), 명의신탁자로부터 임차한 경우의 명의수탁자(대판 98다49753), 미등기 건물을 전 소유자로부터 임차한 경우의 그 건물의 양수인(대판 86다카164)도 여기의 양수인으로 인정한다. 그리고 임차인이 임차주택의 소유권을 취득한 때에는 그도 양수인이 된다(대판 96다38216; 이때는 임차인의 보증금반환채권은 혼동으로 소멸함). 그에 비하여 임차권에 우선하는 저당권에 기하여 경락을 받은 자(대판 86다카1936), 주임법의 적용을 받지 않는 경우의 권리취득자(대판 2003다2918)는 여기의 양수인이 아니다.

1) 요 건

2) 대항력의 내용

┌ 그 다음 날부터 제3자에 대하여 효력(주임법§3)
└ 임차주택의 양수인은 임대인의 지위를 승계한 것으로 본다.

3) 일정한 법인이 임차인인 경우

(3) 존속의 보호

존속기간 ┌ 존속기간을 정하지 않았거나 2년 미만으로 정한 때
(최저 2년) └ 임차인은 2년 미만으로 정한 기간을 주장○ ┐
ex) 1년 약정 - 임차인은 1년 주장 또는 2년 주장○

묵시의 갱신 ┌ 2년 의제 ○
(법정갱신) └ 임차인의 해지통지(고) → 3개월 경과 후 효력 발생○

(4) 차임 등의 증감청구권

┌ §7본문: 차임증감청구권
└ §7단서: 증액청구는 한도가 있음○ - 1/20 초과×, 증액 후 1년 이내×
- §7적용×: 임대차계약이 종료된 후 재계약, 당사자의 합의로 차임이 증액된 경우

(5) 보증금의 효력

1) 보증금의 우선변제

대항력+확정일자○ → 순위 따라 우선변제권○

2) 임차권등기명령

이사를 해야 할 사정

3) 소액보증금의 최우선변제권(보증금 중 일정액의 보호)

┌ 대항력○ + 확정일자(필요×)
└ 주택가액의 1/2 범위내에서

(6) 주택임차권의 상속

사실혼관계에 있는 자의 상속권 인정○

3. 상가건물임대차

<주택임대차보호법 · 상가건물임대차보호법의 비교>

구 분	주택임대차보호법상의 임대차	상가건물임대차보호법상의 임대차
서 언	국민의 주거생활의 안정을 보호, 주거용 건물의 임대차에 관하여 민법에 대한 특례를 규정	상가건물의 임대차에서 일반적으로 사회적·경제적 약자인 임차인을 보호, 임차인들의 경제생활의 안정을 도모, 민법에 대한 특례를 규정

<table>
<tr><td rowspan="2">적용
범위</td><td>적용되는
경우</td><td>㉠ 주택의 전부 또는 일부의 임대차
㉡ 임차주택의 일부가 주거 외의 목적으로 사용
㉢ 주택의 미등기 전세에 준용</td><td>㉠ 사업자등록의 대상이 되는 상가건물의 임대차
㉡ 임대차목적물의 주된 부분을 영업용으로 사용하는 경우 포함
㉢ 상가건물의 미등기전세에 준용</td></tr>
<tr><td>적용되지
않는 경우</td><td>㉠ 주택의 사용대차
㉡ 일시사용을 위한 임대차
㉢ 법인(판례)</td><td>㉠ 상가건물의 사용대차
㉡ 일시사용을 위한 임대차
㉢ 대통령령이 정하는 보증금을 초과하는 임대차(상임법 제2조 제1항 단서)</td></tr>
<tr><td rowspan="2">대
항
력</td><td>요 건</td><td>주택인도(간접점유포함)+주민등록(전입신고)</td><td>상가건물의 인도 + 사업자등록신청</td></tr>
<tr><td>효 과</td><td>㉠ 주민등록을 마친 다음날 오전 0시부터 대항력 발생
㉡ 임차주택의 양수인 기타 임대할 권리를 승계한 자(경락인 등)는 임대인의 지위를 승계한 것으로 본다.</td><td>㉠ 사업자등록 신청한 다음날 오전 0시부터 대항력 발생
㉡ 임차건물의 양수인 기타 임대할 권리를 승계한 자(경락인 등)는 임대인의 지위를 승계한 것으로 본다.</td></tr>
<tr><td rowspan="3">존속
기간</td><td>임대차 기간</td><td>최단존속기간보장(2년) → 편면적 강행규정</td><td>최단존속기간보장(1년) → 편면적 강행규정</td></tr>
<tr><td>묵시의 갱신
(법정갱신)</td><td>㉠ 요 건: ① 임대인은 기간만료 전 6월부터 1월까지, 임차인은 1월까지 갱신거절 또는 조건변경의 통지를 하지 아니한 경우 ② 2기 차임연체 등 임차인의 의무위반이 없는 경우
㉡ 효 과: ① 존속기간은 2년 ② 임차인은 언제든지 해지가능 → 임대인이 통지받은 날부터 3월 경과하면 해지의 효력발생</td><td>㉠ 요 건: 임대인은 기간만료 전 6월부터 1월까지, 임차인은 1월까지 갱신거절 또는 조건변경의 통지를 하지 아니한 경우
㉡ 효 과: 주임법상의 임대차와 동일</td></tr>
<tr><td>계약갱신
요구권</td><td>×</td><td>㉠ 요건: ① 임차인이 기간만료 전 6월부터 1월까지 계약갱신을 요구한 경우 ② 최초의 임대차기간을 포함한 전체 임대차기간이 5년을 초과하지 않는 범위 내에서만 가능 ③ 임대인이 거절할 정당한 사유가 없을 것 (3기 차임연체, 임대인의 동의 없이 전대, 고의·중과실로 임차물 파손, 임대인이 건물철거나 재건축, 기타 현저한 의무위반)
㉡ 효과: ① 전임대차와 동일한 조건으로 다시 계약된 것으로 본다. ② 임대인의 동의 받고 전대한 경우, 전차인은 계약갱신요구권의 대위행사가 가능</td></tr>
<tr><td rowspan="2">차임
등의
증감
청구</td><td>차임 등의
증감청구권</td><td>인정, 단 차임의 증액청구는 약정한 차임의 20분의 1의 금액을 초과하지 못하며, 임대차계약 또는 차임의 증액이 있은 후 1년 이내에는 다시 증액하지 못한다.</td><td>인정, 단 증액의 경우에는 기존의 임대료나 보증금의 연 12%를 초과하지 못하며, 임대차계약 또는 차임의 증액이 있은 후 1년 이내에는 다시 증액하지 못한다.</td></tr>
<tr><td>월차임전환
이율의 제한</td><td colspan="2">보증금의 전부 또는 일부를 월 단위의 차임으로 전환하는 경우에, 그 전환되는 금액에 대통령이 정하는 비율을 곱한 월차임의 범위를 초과할 수 없다.</td></tr>
<tr><td>보증
금반
환의
확보</td><td>보증금의
우선변제</td><td>㉠ 요 건: 대항력(주택인도+주민등록) + 확정일자
㉡ 효 과: 후순위권리자 기타 채권자보다 우선하여 보증금을 변제 받을 권리가</td><td>㉠ 요 건: 대항력(상가건물의 인도+사업자등록신청) + 확정일자
㉡ 효 과: 후순위권리자 기타 채권자보다 우선하여 보증금을 변제 받을 권</td></tr>
</table>

		있다. 단, 임차인은 임차건물을 양수인에게 인도하지 아니하면 보증금을 수령할 수 없다.	리가 있다. 단, 임차인은 임차건물을 양수인에게 인도하지 아니하면 보증금을 수령할 수 없다.
	소액보증금의 우선변제	㉠요 건: ①우선변제를 받을 임차인의 범위에 속할 것 ②주택에 대한 경매신청등기 전 대항력(주택인도 +주민등록)을 갖출 것 ※ 확정일자는 불요 ㉡효 과: 보증금 중 일정액에 대하여 다른 담보물권자보다 우선하여 변제 받을 권리를 가진다(주택가액의 1/2범위 내).	㉠요 건: ①우선변제를 받을 임차인의 범위에 속할 것 ②건물에 대한 경매신청등기 전 대항력(건물인도 + 사업자등록신청)을 갖출 것 ※ 확정일자는 불요 ㉡효 과: 보증금 중 일정액에 대하여 다른 담보물권자보다 우선하여 변제 받을 권리를 가진다(건물가액의 1/3 범위 내).
임대차의 종료	임대차관계의 존속	임대차가 종료한 경우에도 임차인이 보증금을 반환 받을 때까지는 임대차관계는 존속하는 것으로 본다.	
	임차권 등기명령	㉠임대차 종료후 보증금을 반환 받지 못한 임차인은 임차권등기명령을 신청할 수 있으며, 등기명령의 집행에 의해 임차권등기가 경료되면 임차인은 대항력과 우선변제권을 취득한다. ㉡민법상의 임대차등기한 경우, 임차권등기명령에 따른 효력 준용 ㉢임차권등기명령의 집행에 의한 임차권등기가 경료된 건물을 그 이후 임차한 임차인은 최우선 변제권이 없다. ㉣이 경우 임차권등기 비용을 임대인에게 청구할 수 있다.	
임차권의 승계에 관한 특별규정		㉠상속권자 없는 경우: 동거하던 사실혼 배우자가 임차인의 권리·의무 승계 ㉡동거하지 않는 상속권자 있는 경우: 동거하던 사실혼 배우자와 2촌 이내의 친족이 공동으로 임차인의 권리·의무 승계	특별규정 없음

(1) 적용범위

(2) 대항력

(3) 보증금의 효력

(4) 존속의 보호

(5) 차임 등의 증감청구권

제7절 고 용

Ⅰ. 서 설

<노무공급계약>

A —— 노동력제공 —— B

- 고용
- 도급☆
- 현상광고
- 위임☆
- 임치(소비임치)

Ⅱ. 고용의 성립

Ⅲ. 고용의 효력

A노무자 (근로자) —— B사용자

A의 의무:
- 노무제공의무
- 성실의무(충실의무)

B의 의무:
- 보수지급
- 안전배려의무 - 위반
  - 기타의 행위의무 위반 : 손·배
  - 불완전이행

- 근로기준법
- 노정법

Ⅳ. 고용의 종료

제8절 도 급★★(2차)

Ⅰ. 서 설

1. 도급의 의의 및 사회적 작용

일의 완성ex)건설공사, 선박의 건조, 운용, · 출판 · 연구의뢰 등

A도급인 ←—— —— → B수급인

보수지급

법적 성질: 쌍무, 유상, 낙성, 불요식 계약

2. 도급의 법적 성질

(1) 일반적인 도급의 경우

(2) 제작물 공급계약★

A주문자 —— 제작물 공급계약 —— B제작자

성질 ┌ 부대체물(조형물설치) - 도급계약

㉑ └ 대체물(농기구) - 매매계약

Ⅱ. 도급의 성립

A도급인 —— 일의 완성 + 보수지급 —— B수급인

합의

* 도급과 위임의 구별★★ ex) 병의 치료나 소송사건의 처리

┌ 도급 - 구체적인 결과의 발생(결과채무)

└ 위임 - 단순한 사무처리(수단채무)

Ⅲ. 도급의 효력

일을 완성할 의무

(+목적물인도의무+완성물의 소유권귀속 문제)

담보책임

A도급인 ———————— B수급인

보수지급의무

1. 수급인의 의무

(1) 일을 완성할 의무

지체상금 ┌ 위약벌
└ 손·배예정 ○ → 부당하게 과다한 경우 감액 ○

청구? - 수급인의 귀책사유 ○ - 이른바 IMF사태(불가항력적 사정×)

┌ 시기 - 약정된 준공기일의 다음 날
└ 종기 - 해제할 수 있었을 때부터 도급인이 다른 업자에게 의뢰하여 건물을 완성할 수 있었던 기간이 경과한 때

(2) 목적물인도의무

목적물인도의무와 보수지급의무 ┌ 동시이행관계 ○
└ 유치권 ○

도급인의 검수

(3) 완성물의 소유권귀속 문제★(2차)

∴ 완성물의 소유권 귀속? 判

재료의 전부 또는 주요부분 공급자? ┌ 도급인 - 도급인
└ 수급인 ┌ 특약 - 도급인
└ 수급인(→ 유치권×) - 수급인

(4) 담보책임★

1) 법적 성질

┌ 매매, 담보책임 →(§567 준용) 유상계약
└ 도급, 담보책임(§667~§672)

담보책임+ 불완전급부? ┌ 하자가 수급인의 귀책사유로 생긴 경우에 불완전급부책임?
└ 判) 완성물의 하자에 의해 확대손해가 발생한 경우 손해배상책임○

- ex) 저장탱크 균열 + 액젓변질, 미끄럼 방지 공사 잘못 + 교통사고

2) 요 건

※ 담보책임

요건 ┌ 완성된 목적물 또는 완성 전의 성취된 부분에 하자(§667)
└ 무과실책임

책임의 내용 ┌ 하자보수청구권 -「하자가 중요하지 아니한 경우에 그 보수에 과다한 비용을 요할 때」는 하자로 인한 손해배상만을 청구할 수 있다.
├ 손해배상청구권 ※과실상계? ┌ 채·불 §763 → 불·행
(보수에 갈음하여 또는 보수와 함께) └ 담보책임(준용×) - 형평의 원칙
└ 해제권: 목적달성×, 제한 - 건물 기타 토지의 공작물

제척기간 - 1년, 5년, 10년

A도급인 ———————————————— B수급인

判) 수급인의 하자보수의무 및 손해배상의무는 도급인의 보수지급의무와 동시이행의 관계

3) 책임의 내용

4) 책임의 감면에 관한 특칙

§672

5) 책임의 존속기간

2. 도급인의 의무(보수지급의무)

(1) 보수의 종류 및 결정방법

(2) 보수의 지급시기

도급계약 성립시 발생

보수지급의 확보 ┌ 동시이행의 항변권(§665①)
├ 저당권설정청구권(§666) - 등기○
└ 유치권(§320)

(3) 부동산수급인의 저당권설정청구권

3. 도급에 있어서 위험부담

〈요건〉 - 〈효과〉

쌍무계약(도급계약)

후발적 불능(=일의 완성×) ┌ §537, 채무자위험부담주의

채무자(수급인)의 귀책사유× └ §538, 채권자위험부담주의

Ⅳ. 도급의 종료

(1) 도급인의 해제

수급인이 일을 완성하기 전에는 도급인은 손해를 배상하고 계약을 해제(§673)

(2) 도급인의 파산

도급인이 파산선고 ┌ 수급인 또는 파산관재인은 계약을 해제○
를 받은 때 └ 손해배상 청구×(§674)

제9절 현상광고

Ⅰ. 서 설

A광고자 ——광고+지정행위의 완료—— B응모자
→보수지급의무

┌계약설(多): 편무, 유상, 요물계약
└단독행위설(少)

Ⅱ. 성립과 효력

ex)〈조건부현상광고〉

A경찰 ——신창원광고+신고—— B신고자
체포하면
→보수지급

Ⅲ. 우수현상광고

ex) 〈우수현상광고〉 신춘문예

광고+작품제출

A신문 ———————— B작가

→보수지급
대상
금상
은상
동상

제10절 위 임★★(2차)

Ⅰ. 서 설

(1) 의 의

사무처리

A위임인 ———————— B수임인

보수 [×, ○

농약살포

A농장주인 ———————— B옆집사람

타인의 사무처리
- 부탁○ - 위임 vs 도급 일의 완성
- vs
- 부탁× - 사무관리

(2) 사회적 작용

(3) 법적 성질

Ⅱ. 위임의 성립

Ⅲ. 위임의 효력

1. 수임인의 의무

(1) 위임사무 처리의무

┌ 재량 · 독립적 사무처리 / 위임인의 지시 - 불이익하면 지시의 변경을 요청
├ 선관주의의무(§681)
└ 자신복무의 원칙(§682)

(2) 그 밖의 의무

┌ ① 보고의무(§683)
├ ② 취득물·취득권리이전의무(§684)
├ ③ 금전소비책임(§685)
└ ④ 기타의 행위의무: 보호의무, 통지의무, 설명 · 조언의무, 정보제공의무 등

2. 위임인의 의무

┌ ① 비용선급의무(§687)
├ ② 필요비상환의무(§688①)
├ ③ 채무대변제의무(§688②)
├ ④ 손해배상의무(§688③)
└ ⑤ 보수지급의무(§686) ┌ ×
　　　　　　　　　　　　└ ○ 약정

Ⅳ. 위임의 종료

1. 종료원인

(1) 상호해지의 자유(§689)

각 당사자가 언제든지 해지○ - 손 · 배×

상대방이 불리한 시기 해지○ ┌ 손 · 배○
　　　　　　　　　　　　　　└ 손 · 배× - 부득이한 사유가 있을 때

(2) 사망, 파산 등(§690)

┌ 당사자 일방의 사망(§690) - 상속인에게 승계될 경우 있음
├ 당사자 일방의 파산(§690)
└ 수임인의 금치산선고(§690)

2. 위임종료시의 특별조치(§691, §692)

(1) 수임인의 긴급처리의무(§691)

위임종료의 경우에 급박한 사정이 있는 때

(2) 위임종료의 대항요건(§692)

상대방에게 통지하거나 상대방이 이를 안 때 - 대항

〈연명치료 중단에 관한 이론과 판례〉

1. 의료계약

2. 연명치료 중단 요청의 의미와 요건

연명치료 중단의 요건
- 실체적 요건
  - 객관적 요건: 환자가 회복 불가능한 사망의 단계
  - 주관적 요건: 사전 의료지시
- 절차적 요건 - 전문의사 등으로 구성된 위원회 등의 판단

3. 연명치료 중단에 관한 대법원 전원합의체 판결

제11절 임 치

Ⅰ. 서 설

Ⅱ. 임치의 성립

Ⅲ. 임치의 효력

A임치인 —— 물건의 보관 —— B수치인

보수
- × → 무상원칙 : 자기재산과 동일한 주의의무(§695)
- ○

Ⅳ. 임치의 종료

Ⅴ. 특수한 임치

(1) 혼장임치

(2) 소비임치★

- 소비대차에 관한 규정 준용(§702 본문)
- 반환시기: 특약이 없으면 임치인은 언제든지 반환청구○(§702 단서)

<예금계약>★★(2차)

'예금'계약 = 예금자가 예금의 의사를 표시하면서 금융기관에 돈을 제공하고 금융기관이 확인하면 성립

A예금주 ———————————— B은행

* 예금주의 결정
① 예금명의자
② 출연자(금융기관과 출연자 등의 명확한 의사의 합치

* 예금계약의 성질: 소비임치 →
소비대차에 관한 규정 준용(§702 본문)
* 반환시기는 특약에 따르되, 없으면
임치인은 언제든지 그 반환 청구○(§702 단서)

제12절 조 합★★(2차)

Ⅰ. 서 설

1. 조합의 의의 및 사회적 작용

(A·B·C) —— 출자 —— (유통도매업)

조합계약 공동사업

2. 조합계약의 의의 및 법적 성질

(1) 조합계약의 의의

(2) 조합계약의 법적 성질

§536 ┌ 동시이행의 항변권 적용×
└ 적용○ - 조합원이 2인인 경우, 업무집행조합원 아닌 조합원이 출자요구를 한 때

§537 ┌ 위험부담 적용×(㊂)
§538 └ → 출자불능한 조합원은 탈퇴

§543 ┌ 계약의 해제·해지 적용×
~ └ → 제명·탈퇴·해산 등(通·判)

Ⅱ. 조합의 성립

┌ 2人 이상 + 공동사업 + 출자(물건, 재산권, 노동력…)
└ 조합계약의 하자와 소급효 제한(장래에 향하여 효력을 잃는다)

Ⅲ. 조합의 업무집행★★(2차)

1. 조합의 대내관계

┌ 각 조합원 (업무집행조합원×) ┌ 조합원의 과반수
│ └ 통상사무 - 각 조합원이 전행○
├ 업무집행조합원○ ┌ 업무집행조합원의 과반수
│ └ 통상사무 - 각 업무집행조합원이 전행○
└ 제3자에게 위임 - 위임계약

2. 조합의 대외관계

(1) 조합대리

조합 자신의 명의×, 조합원 전원의 명의로○

조합대리 ┌ A조합 대리인B(현명주의)
└ 업무집행조합원 - 대리권, 추정○

↳ 과반수에 의한 결정을 거치지 않고 대리한 때 : §126 표현대리○

(2) 조합의 당사자능력과 소송대리

1) 조합의 당사자능력

- 조합 - 당사자능력×
- 필수적 공동소송(조합원 전원)
- 선정당사자제도(민소법 제53조)
- 임의적 소송담당(判)

2) 조합원에 의한 소송대리

- 업무집행조합원을 법령상 대리인으로 인정하는 방법(통설)
- 소송위임에 의한 소송대리인(민소법 제88조)

Ⅳ. 조합의 재산관계★★(2차)

1. 조합재산

※ 조합재산의 합유관계

A·B·C조합원 ———————— X조합재산

*조합원이 출자한 재산(동산·부동산·지식재산권 등), 출자청구권, 조합의 채무 등

*부동산의 경우 합유 등기○,
if 공유등기, 조합원 명의로 등기→
명의신탁 - 부동산실명법 §4②
위반으로 무효

*물건의 합유(§271)
- 지분처분의 제한
- 합유물의 분할청구 금지

*재산권의 준합유(§278)
- 지상권·지역권·전세권·저당권 등 물권,
- 주식·광업권·어업권·특허권, 채권·채무

*조합재산의 처분·변경
- §272 전원의 동의 (少)
- §706② 특별사무 - 과반수 결의 (判)

*조합채무 (준합유)
- 조합재산에 의한 공동책임
- 조합원의 고유재산에 의한 책임 (무한책임)
  - 분할채무
  - 연대채무 - 상행위로 인한 경우

2. 조합재산의 합유관계

(1) 합유관계

1) 물건의 합유

2) 소유권 이외의 재산권의 준합유

(2) 합유물의 처분 · 변경에 적용되는 규정

(3) 조합재산과 관련된 특별규정

3. 조합채무-준합유

(1) 조합재산에 의한 공동책임

(2) 조합원의 개인재산에 의한 책임

4. 손익분배

(1) 손익분배의 비율

(2) 손익분배의 시기

Ⅴ. 조합원의 변동

1. 조합원의 탈퇴

(1) 임의탈퇴

(2) 비임의탈퇴

(3) 탈퇴의 효과

2. 새조합원의 가입

3. 조합원의 지위의 양도

Ⅵ. 조합의 해산 및 청산

(1) 해 산

(2) 청 산

제13절 종신정기금

Ⅰ. 종신정기금의 의의 및 법적 성질

Ⅱ. 종신정기금의 효력

제14절 화 해★(2차)

Ⅰ. 화해의 의의 및 법적 성질

A 100万 주장 ———— 70万 주장 B

85万 합의

Ⅱ. 화해의 성립

A ———— 분쟁의 존재 ———— B

상호양보+분쟁종지의 합의

(1) 분쟁의 존재
(2) 당사자의 상호양보
(3) 분쟁을 끝내는 합의

Ⅲ. 화해의 효력

1. 법률관계를 확정하는 효력

2. 화해의 창설적 효력

3. 화해와 착오취소의 관계(§733)

:1억' '의료사고' 1억 5천

A의사 ———————————— B환자

'1억 2천'

과실× 지병○

착오 ┌취소×
└취소○ ┌화해당사자의 자격
└화해의 목적인 분쟁이외의 사항

4. 화해와 후발손해의 관계★(2차)

※ 화해와 후유증(후발손해)★

교통사고-합의금 '100万'

A회사 ———————————— B승객

후유증-손·배청구? 判 ┌계약의 효력범위 → 교통사고 100万 | 후유증→손·배청구○
├예문해석 범위○ 화해계약 범위×
└착오 - 취소

제3장 사무관리

※ 사례문제에서 자주 등장하는 쟁점★★(2차)

- 약정채권-계약
  - 총론
  - 각론
- 법정채권
  - 사무관리★★
  - 부당이득★★★
  - 불법행위★★★

Ⅰ. 사무관리의 의의 및 성질

ex)

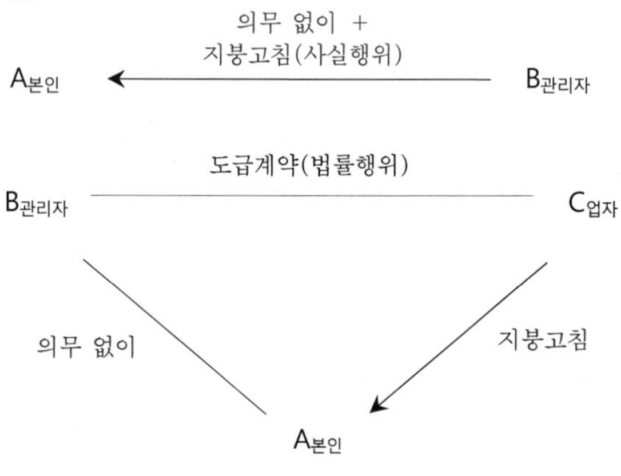

Ⅱ. 사무관리의 성립요건

(1) 타인의 사무의 관리가 있을 것

(2) 타인을 위하여 하는 의사(관리의사○)가 있을 것

(3) 법률상의 의무가 없을 것

(4) 본인에게 불이익한 것 또는 본인의 의사에 반한다는 것이 명백하지 않을 것

Ⅲ. 사무관리의 효과

(1) 일반적 효과

1) 위법성 조각

2) 사무관리를 추인하는 경우

3) 사무관리와 대리관계

관리자가 본인 명의로 법률행위를 한 경우 - 무권대리

(2) 사무관리자의 의무

1) **관리계속의무**(§737)

2) **관리의 방법**(§734 · §735)

3) **관리자의 통지의무**(§736)

4) **보고의무 등**(§738)

§683(보고의무), §684(취득권리이전의무), §685(금전소비책임)

(3) 본인의 의무

1) **비용상환의무**(§739)

사무관리자가 본인에 대하여 보수를 청구할 수 있는지 여부에 관하여 명문규정이 없지만, 직업 또는 영업에 의하여 유상으로 타인을 위하여 일하는 사람은 통상의 보수에 상응하는 금액을 필요비 내지 유익비로 청구할 수 있다(대판 2007다55477).

2) **손해배상의무**(§740)

Ⅳ. 준사무관리

※ 준사무관리? ┌ × ㊋ ┌ 10,000:불 · 행, 부당이득
　　　　　　　　　　　　 └ 3,000 반환×
사무관리의사× └ ○ ㊍ 3,000반환○

ex) A가게 ———— B가게
물건 값 10,000
값 받기 13,000

제4장 부당이득

※ 사례문제에서는 거의 언제나 등장하는 쟁점★★★(2차)

Ⅰ. 서 설

1. 부당이득의 의의 및 성질

유형론…………통일설(通·判)

- 급부부당이득 – 계약법의 보충규범
- 침해부당이득 – 불법행위법의 보충규범
- 비용부당이득 – 사무관리법의 보충규범

↑ 구상부당이득

2. 부당이득 반환청구권과 다른 청구권의 관계★★(2차)

(1) 계약상의 채무이행청구권과의 관계

A채권자 ─┬ 채・불–손・배○ ─ B채무자
　　　　　└ 부당이득×

(2) 계약종료 후의 목적물반환청구권과의 관계

A임대인 ── X임대차 종료 후 반환× ── B임차인

*반환×: A는 반환청구권○ – 부당이득×
*사용·수익: 부당이득 + 채·불(경합○)

(3) 물권적 청구권과의 관계

A매도인 — X물건 매매 - 무효·취소- 물권적 청구권과 부당이득의 경합? — B매수인

- 무인론 - 부당이득 → 경합×
- 유인론 - 물권적 청구권 → 경합○

A소유자 — X물건 절취 — B점유자(도둑)

- 소·반·청 §213
- 부당이득(§201~§203)

- 물권적 청구권(§213)
- 부당이득(§201~§203)

경합○ ← 현물반환

(유인론, 절취-경합?) ※가격반환(§747·§748)

(4) 불법행위에 의한 손해배상청구권과의 관계

A소유자 — 소·반·청(§213) — B불법점유자

- 불·행 - 손·배(§750)
- 부당이득(§201~§203)

경합○

Ⅱ. 부당이득의 일반적 성립요건★★★(2차)

① 수익 ———— ④ 법률상 원인×

③ 인과관계

② 손실

1. 수 익

* 물권·채권·지식재산권의 취득, 점유의 취득, 무효인 등기의 취득, 비용지출을 면한 것
* 실질적 이익○ ㊊ 임차인이 사용·수익× → 부당이득×
* 장래의 부당이득의 반환청구? ○ ㊊

2. 손 실

손실과 이득은 서로 대응하나, 그 둘이 범위에 있어서 같아야 하는 것은 아니다.

침해부당이득? - 다른 자의 불법점유로 사용의 기회를 잃는 것

3. 수익과 손실 사이의 인과관계

인과관계 ┌ 직접적 인관관계×
　　　　 └ 사회관념상 연락○

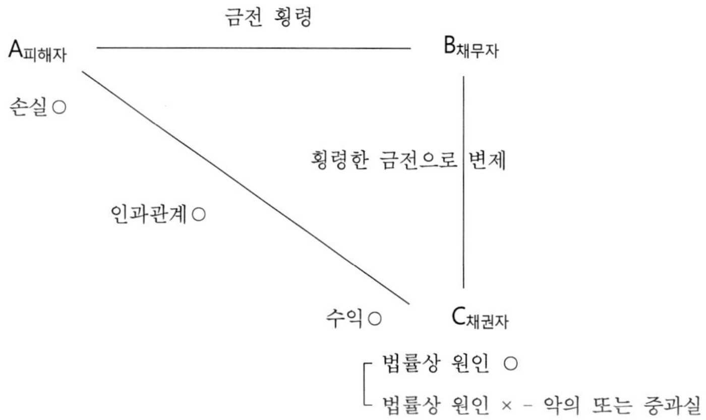

〈부도어음으로 성립한 예금계약 - 인출〉

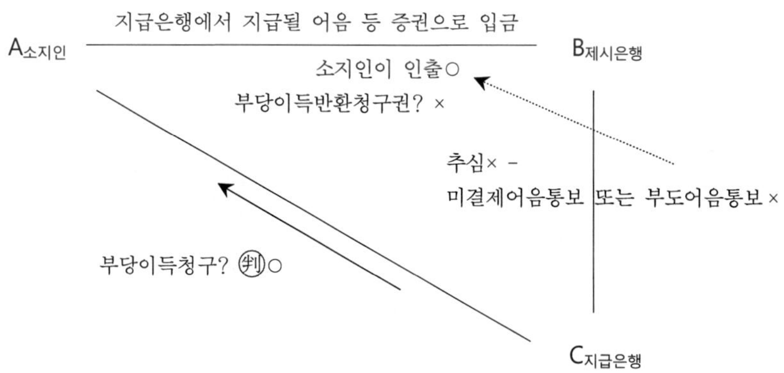

<전용물소권 문제>

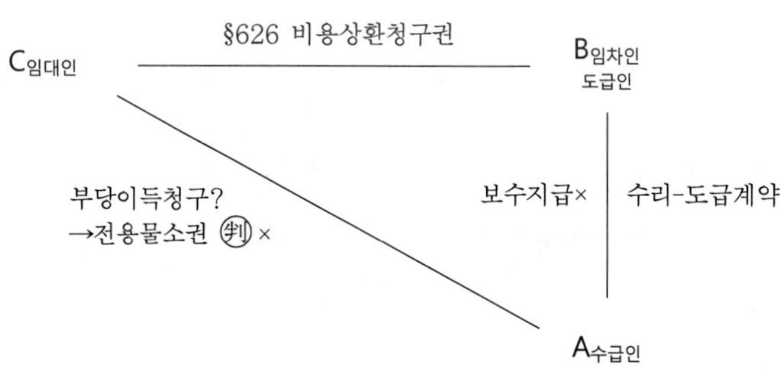

<이른바 삼각관계에서 급부가 이루어진 경우>

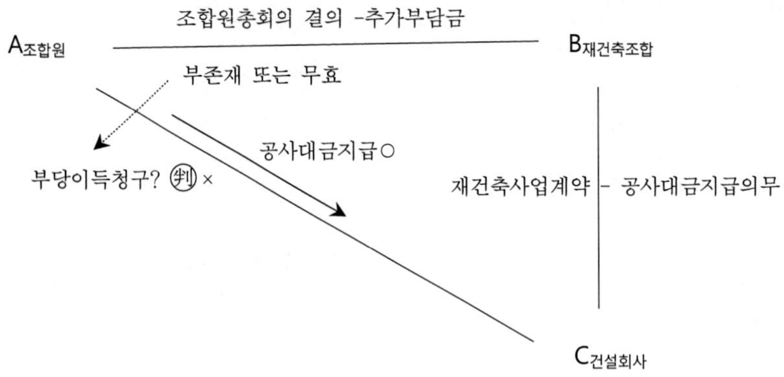

4. 법률상 원인이 없을 것

* 수익을 보유하는 것이 재산적 정의에 반한다.

법률상 원인
- 급부부당이득-채권의 존재(×: 무효, 취소, 해제 등)
- 침해부당이득-해당하는 권한의 존재(임차권 등)
- 기타 부당이득-이득의 귀속이 정의관념에 합치

Ⅲ. 부당이득의 특례

§742~§746: 부당이득반환청구×

- 비채변제(§742~§745)
- 불법원인급여(§746)

1. 비채변제(§742~§745)★★

(1) 좁은 의미의 비채변제

A ——(채무×, 변제○)—— B

부당이득반환청구
- ○ §741
- ×
  - §742: 알고 - 자유의사(임의로) 고려
  - §744:도의관념 ex)
    - 소멸시효완성, 변제○
    - 부양의무×, 부양○

(2) 변제기 전의 변제

변제기 전의 변제 ┌ 알고○ : §468, §153②
└ 모르고○ ┌ 부당이득×
§743 └ "중간이자" - 부당이득○

(3) 타인의 채무의 변제

타인의 채무의 변제 ┌ 알고 - 제3자의 변제 ┌ 구상권
§469 └ 변제자대위(법정대위/임의대위)
└ 모르고 - 부당이득 ┌ ○
§745 └ ×, 채무소멸, 채권증서× → 채무자에게 구상권○

2. 불법원인급여★★★(2차)

A男 ——첨계약(급부원인의 불법)—— B女
토지 증여 + 이전등기○
(종국적인 급부)

⇓

┌ §103 위반- 무효
‖
└ 불법원인급여(§746) ┌ 부당이득반환청구 ×
└ 소유물반환청구 ×

(1) 요 건

1) 불 법

§746 불법의 의미 ┌ §103 선량한 풍속 기타 사회질서 위반(㊂·㊕)
├ 선량한 풍속 기타 사회질서 위반 + 강행법규 위반(㊉)
└ 선량한 풍속 위반(㊍)

2) 급부원인의 불법

ex) 도박에 건 금전의 급부, 불륜관계를 맺는 대가로 금전을 급부한 경우, 살인할 것을 조건으로 한 금전급부, 쌀을 도박에 쓰이는 줄 알면서 빌려준 경우

3) 급 부

자발적(임의적) 급부

종국적 급부 ┌ 근저당권×
└ 양도담보○

<불법원인급여인지 여부에 관하여 판단한 판례>

긍정례	㉠ 도박에 쓰이는 줄 알고 백미를 빌려준 경우(대판 1962.4.4. 4294민상1296) ㉡ 관세법령을 피하기 위한 매매계약(대판 1969.9.30. 69다1139) ㉢ 긴급통화조치법에 위반하여 구화폐를 타인 명의로 신고하게 한 경우(대판 1966.2.15. 65다2286) ㉣ 불륜관계를 맺는 대가로 임야를 증여한 경우(대판[전합] 1979.11.13. 79다483) ㉤ 도지사에게 청탁하여 택시운송사업면허를 받아 줄 것을 부탁하면서 도지사에 대한 청탁 교제비조로 금전을 급부한 경우(대판 1991.3.22. 91다520) ㉥ 송금액에 해당하는 수입품에 대한 관세포탈의 범죄를 저지르기 위하여 환전상 인가를 받지 않은 자에게 비밀송금을 위탁한 경우(대판 1992.12.11. 92다33169) ㉦ 공무원의 직무에 관한 사항에 관하여 특별한 청탁을 하게 하고 그에 대한 대가로 돈을 지급한 경우(대판 1995.7.14. 94다51994) ㉧ 윤락행위를 할 자를 고용·모집하거나 그 직업을 소개·알선한 자가 윤락행위를 할 자를 고용·모집함에 있어서 성매매의 유인·강요의 수단으로 이용되는 선불금 등을 교부한 경우(대판 2004.9.3. 2004다27488·27495)
부정례	㉠ 광업법의 여러 규정에 위반된 공동광업권 설정계약(대판 1981.7.28. 81다145) ㉡ 직업안정법에 위반되는 무허가의 직업알선행위(대판 1983.11.22. 81다430) ㉢ 강제집행을 면할 목적으로 부동산의 소유자 명의를 신탁한 것(대판 1994.4.15. 93다61307) ㉣ 부동산실명법에 위반되어 무효인 명의신탁약정에 기하여 경료된 타인 명의의 등기(대판 2003.11.27. 2003다41722) ㉤ 반사회적 행위에 의하여 조성된 재산인 이른바 비자금을 소극적으로 은닉하기 위하여 임치한 것(대판 2001.4.10 2000다49343) ㉥ 구 담배사업법 소정의 등록도매업자 또는 지정소매인이 아닌 자가 담배 사재기를 위하여 한국담배인삼공사로부터 담배를 구입하기로 하고 지급한 담배구입대금(대판 2001.5.29. 2001다1782) ㉦ 어업권의 임대차를 금지하는 구 수산업법 제33조를 위반하여 어업권을 임대한 어업권자가 임차인이 어장을 점유·사용함으로써 얻은 이익(대판 2010.12.9. 2010다57626·57633)

(2) 효 과

§746 불법원인급여 ┌ 부당이득× → (물·청×)
└ 부당이득○(불법원인이 수익자에게만 있는 때, 불법성비교론㉫)

(3) 제746조의 적용범위

1) 물권적 청구권

2) 불법행위로 인한 손해배상청구권

공동으로 통화를 위조하기 위해 자금을 제공하였는데 이를 편취당한 사안

3) 선이행의 경우

4) 2중매매의 경우

L토지 매매

A매도인 ———— B매수인

L토지 제2매매(등기) ↓ C제2매수인

*유효 : 원칙

A – B
- 이행불능 – 전, 해, 대
- 불・행?-계약금・중도금-×/잔금-○

B – C
- 불・행 – 손・배 ×
- 채권자취소권? ×

A – C 계약의 유효 – 특별한 문제×

*무효 : 매도인의 배임행위에 제2매수인의 적극가담

B – A
- 채・불(이・지) – 손・배 송○,
- 불・행 – 손・배

B – C
- 등・말・청의 대위행사
- 불・행 – 손・배 ○
- 채권자취소권? ×

(불・행 – 손・배 / 등・말・청의 대위행사: §760 공동불법행위 (通·判 : 부진정))

A – C: §103 위반으로 매매계약의 무효
(A・C의 급부반환청구권? 불법원인급여?)

5) 제742조와의 관계

(4) 불법원인급여의 반환계약의 효력

불법원인급여의 당사자가 급부한 것을 반환하기로 하는 경우에 그 특약의 효력?

수령자가 급부받을 때 만일 불법한 목적이 달성되지 않으면 반환한다고 약정하였다면 그 특약은 무효

급부가 있은 후에 당사자가 불법원인급여 계약을 해제하고 급부한 것을 반환하기로 특약을 한 경우에, 판례는 급여물을 그대로 반환하기로 한 경우이든 급여물이 아닌 다른 물품의 지급을 받기로 한 경우이든 무효

불법원인급여 후 급부를 이행받은 자가 급부의 원인행위와 별도의 약정으로 급부 그 자체 또는 그에 갈음한 대가물의 반환을 특약하는 것은 그 반환약정 자체가 사회질서에 반하여 무효가 되지 않는 한 유효(대판 2010.5.27. 2009다12580)

수령자가 받은 물건이나 그에 갈음한 다른 물건을 임의로 반환한 경우에는 유효

Ⅳ. 부당이득의 효과★★(2차)

§741 - 부당이득반환청구권의 발생

§747 ┌ 원물반환
└ 가액반환

§748 ┌ 선의: 현존이익
└ 악의: 이익+이자+손·배

§749 ┌ 수익자가 이익을 받은 후 법률상 원인 없음을 안 때에는 그때부터 악의
└ 선의의 수익자가 패소한 때에는 그 소를 제기한 때부터 악의

1. 부당이득 반환의무

(1) 반환할 이득

§747 ┌ 원물반환
└ 가액반환

(2) 반환범위

* 수익자가 받은 이익이 손실자의 손실보다 큰 경우 ┌ 이득전부반환설
└ 손실한도설(㊈·㊫)

* 운용이익 전부 반환? - 추가이익까지 반환? ┌ 전부반환설
└ 통상적인 운용이익 반환(㊫)

(3) 수익자의 선의·악의

§748 ┌ 선의: 현존이익
└ 악의: 이익+이자+손·배

§749 ┌ 수익자가 이익을 받은 후 법률상 원인 없음을 안 때에는 그때부터 악의
└ 선의의 수익자가 패소한 때에는 그 소를 제기한 때부터 악의

2. 선의의 수익자의 반환의무의 범위

(1) 현존이익의 반환의무

(2) 현존이익의 결정시기

(3) 현존이익의 내용

1) 원물반환의 경우

§201~§203

2) 가액반환의 경우

현존이익(§748①)

(4) 이득현존의 추정

취득한 것이 금전상의 이득·금전과 유사한 대체물 - 현존하는 것으로 추정○ ㊊

3. 악의의 수익자의 반환의무의 범위

(1) 받은 이익 · 이자의 반환의무(§ 748②)

(2) 반환하여야 할 내용

1) 원물반환의 경우

§201~§203

판례는 악의의 점유자는 과실을 반환할 경우에, 제748조 제2항에 의하여 받은 이익에 이자를 붙여 반환하여야 한다고 한다.

원물반환 ┌ 선의: 과실수취권(§201①)
§201~§203 └ 악의: 과실반환(§201②) → 반환범위: §748(이익+이자)

2) 가액반환의 경우

원물의 가액 + 이자 + 손해배상(§748②)

제5장 불법행위

※사례문제에서는 거의 언제나 등장하는 쟁점★★★(2차)

제1절 서 설

Ⅰ. 불법행위의 의의 및 성질

(1) 의 의

(2) 성 질

(3) 법적 규제의 특색

┌민법: 일반화·추상화
└특별법: 자배법, 제조물책임법, 원자력손해배상보장법, 환경정책기본법

Ⅱ. 민사책임과 형사책임

A ——폭행——→ B

┌ 폭행죄: 형사책임
└ 불·행-손·배: 민사책임

Ⅲ. 과실책임과 무과실책임

- 과실책임의 원칙(고의·과실 → 손·배○): §390, §750
- 무과실책임 ex) →보험계약
  - 공작물 소유자책임
  - 원자력손해배상법, 환경정책기본법 등
- ※ 중간적 책임: §755 ~ §759

(1) 과실책임의 원칙

(2) 무과실책임론과 그 입법

Ⅳ. 불법행위와 보험제도

Ⅴ. 불법행위책임과 계약책임의 관계★(2차)

(1) 서 설

A임대인 —— 임대차 / 목적물-소실 —— B임차인

- 채·불-손·배
- 불·행-손·배

→ 청구권 경합

(2) 학설·판례

- 청구권경합설(㊌·㊋)
- 법조경합설
- 청구권규범통합설

(3) 사 견

<채무불이행과 불법행위의 비교>

구 분	채무불이행	불법행위
(1) 공통점		
(ㄱ) 제763조에 의한 준용: 손해배상의 범위(393조), 손해배상의 방법(금전배상주의, 394조), 과실상계(396조), 손해배상자의 대위(399조) (ㄴ) 해석상 당연 공통(通, 判): 손익상계, 중간이익공제, 과실책임주의(제390조, 제750조), 위자료(불법행위에는 명문규정이 있으나(제750조, 제751조, 제752조), 통설·판례는 채무불이행에는 해석상 제390조의 손해에 포함된다고 한다.)		
(2) 차이점		
(ㄱ) 고의·과실의 입증책임	채무자(피고)(제390조)	피해자(채권자 내지 원고)(제750조)
(ㄴ) 제3자의 행위에 의한 책임	이행보조자의 과실에 대한 채무자의 책임(제391조): 채무자의 면책가능성은 없다. 타인의 과책에 대한 책임이다.	피용자의 불법행위에 대한 사용자의 책임(제756조): 사용자의 면책가능성 있다(중간책임). 사용자 자신의 과책에 대한 책임이다.
(ㄷ) 소멸시효	10년이 일반원칙이다(제162조 제1항).	3년, 10년의 특칙이 있다(제766조).
(ㄹ) 실화책임법의 적용여부	부적용	적용(§765의 특례)
(ㅁ) 연대책임	규정 없음	공동불법행위의 경우 발생(제760조)
(ㅂ) 상계 가부	제한 없음	가해자의 수동채권으로 하는 상계의 금지(제496조)
(ㅅ) 태아의 지위	손해배상청구권 주체가 안 됨	손해배상청구권의 주체가 됨(제762조)
(ㅇ) 배상액 경감청구	경감청구 불가	법원에 경감청구 가능(제765조)
(ㅈ) 근친자의 위자료청구권	·	인정(제752조)
(ㅊ) 손해배상액의 예정	제398조	적용부정

제2절 일반불법행위 성립요건★★(2차)

Ⅰ. 개 관

민법상 불법행위
- 일반불법행위 - §750
- 특수불법행위 - §755~§760

※ 일반불법행위 성립요건

- 가해행위 ——→ 손해의 발생
  인과관계
- 위법성
- 고의·과실, 책임능력

※ 입증책임

고의·과실, 책임능력 ——→ 책임무능력자 입증책임
위법성, 손해의 발생
인과관계

§753 미성년자중 책임변식 지능 없는 자
§754 심신상실자

→피해자 입증책임

Ⅱ. 가해자의 고의·과실에 의한 행위

1. 가해자 자신의 행위

2. 가해자의 고의·과실

고의 vs 과실
- 추상적 과실
  - 경과실
  - 중과실
- 구체적 과실

미필적 고의 vs <u>인식 있는 과실</u>
인식+의욕

※ 실화책임에 관한 법률 → 2009.5.8. 개정

* 화재(실화)
- 과거: §750의 특례
- 현재: §765의 특례 손배액의 경감청구
  - 연소○
  - 중과실×(경과실○)

Ⅲ. 가해자의 책임능력

1. 책임능력의 의의·입증책임

2. 미성년자의 책임능력

§753 미성년자 중 책임변식지능이 없는 자

㉶ ┌ 12세 미만 - 책임능력 ×
├ 15세 이상 - 〃 ○
└ 13~14세 - ○, ×

3. 심신상실자의 책임능력

§754 심신상실자 → 불법행위 당시
≠
※금치산자 - 법률행위
↳ 심신상실의 常態 + 선고
㉯인에 있어서 ㉮유로운 ㉻위 - 손·배○

Ⅳ. 가해행위의 위법성

1. 위법성의 본질

2. 위법행위의 구체적인 예

(1) 재산적 이익의 침해

1) 소유권 침해
2) 점유권 침해
3) 용익물권의 침해
4) 담보물권의 침해
5) 광업권・어업권의 침해
6) 용수권의 침해
7) 지식재산권의 침해
8) 채권의 침해★
9) 형성권의 침해

(2) 인격적 이익의 침해

(3) 가족권의 침해

1) 배우자의 권리 침해
2) 친권 침해
3) 부양청구권 침해

3. 위법성조각사유

(1) 정당방위

정당방위(형§21, 민법§761①) - 보충의 원칙×, 사회윤리에 위배되지 않는 상당성 있는 행위○

(2) 긴급피난

긴급피난(형§22, §761②)

(3) 자력구제

자구행위(형§23, §209 자력구제)

민법은 점유의 침탈 또는 방해가 있는 때에 관하여서만 명문규정을 두고 있으나(§209), 통설은 일반적으로 자력구제를 인정하고 있다.

(4) 피해자의 승낙

피해자의 승낙(형§24→○)

통설

묵시의 승낙

(5) 정당행위

정당행위(형§20)

1) 권리남용에 이르지 않는 권리행사

계약상의 권리행사, 사법상의 권리행사, 노동법상의 정당한 단체교섭이나 쟁의행위 등

2) 정당한 사무관리(§734)

3) 정당한 업무행위

친권자(§915)・후견인(§945)・학교의 장(초・중등교육법 §18, 고등교육법 §13)・소년원장(보호소년 등의 처우에 관한 법률 §15)의 징계행위, 현행범인의 체포(형사소송법 §212), 의사의 치료행위, 운동경기에서의 가해행위 등

Ⅴ. 가해행위에 의한 손해의 발생

1. 손해의 발생

2. 가해행위와 손해발생 사이의 인과관계

- 상당인과관계설
- 입증책임 : 피해자
- 입증책임의 완화(신개연성설) : 공해소송, 의료소송, 제조물책임

제3절 특수 불법행위

Ⅰ. 서 설★

- 특수 불법행위
  - 민법
    - §755~§759(중간적책임)
    - §760
  - 특별법
    - 자배법
    - 제조물책임
    - 환경오염
  - 학설 · 판례 – 의료과오

Ⅱ. 책임무능력자의 감독자의 책임★

1. 의의 및 성질

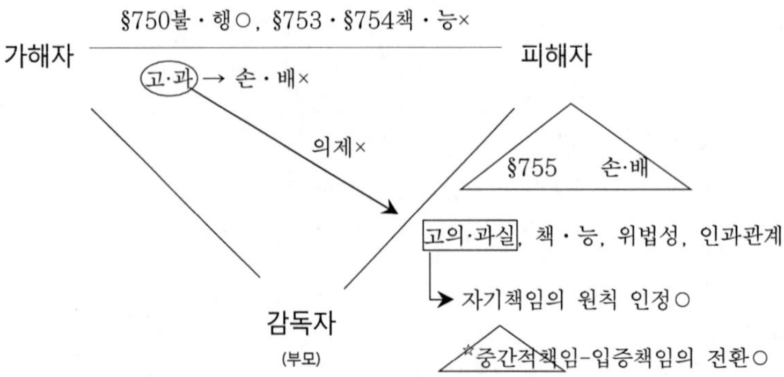

2. 요 건

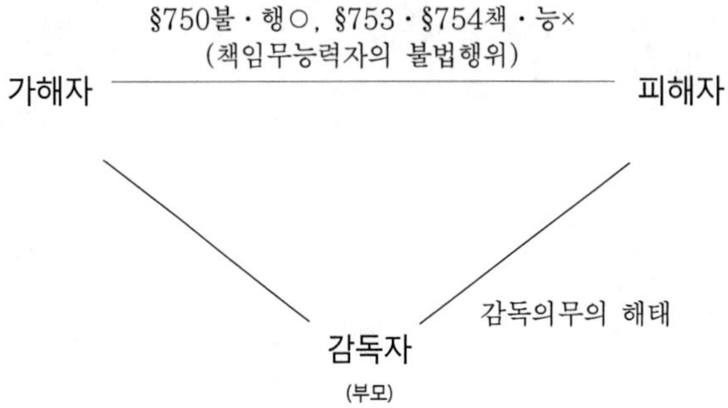

(1) 책임무능력자의 불법행위

(2) 감독의무자(또는 대리감독자)의 감독의무의 해태

3. 배상책임자

┌ 법정 감독의무자-친권자 · 후견인 ┐ 부진정연대채무
└ 대리감독자-교원 · 의사 ┘

4. 책임능력 있는 미성년자의 행위에 대한 책임★☆(2차)

※ 책임능력은 있지만 변제자력이 없는 경우??

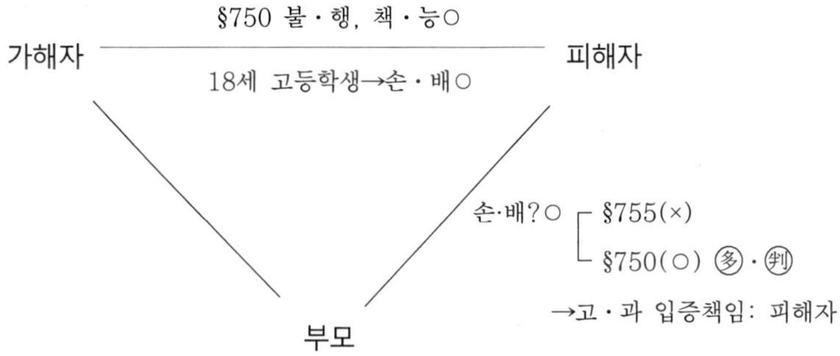

Ⅲ. 사용자의 책임★★★(2차)

1. 서 설

(1) 의 의

(2) 성 질

1) 중간적 책임

2) 대위책임

(3) 근 거

(4) 다른 책임과의 관계

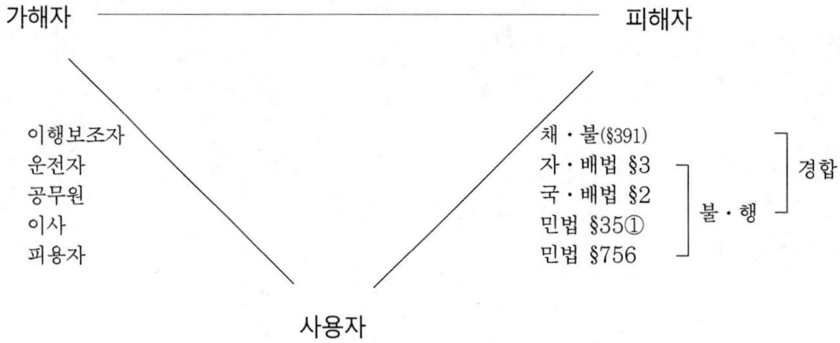

1) 제35조에 의한 법인의 책임과의 관계

2) 국가배상법과의 관계

3) 자동차손해배상보장법과의 관계

4) 이행보조자와 불법행위책임의 관계

2. 요 건

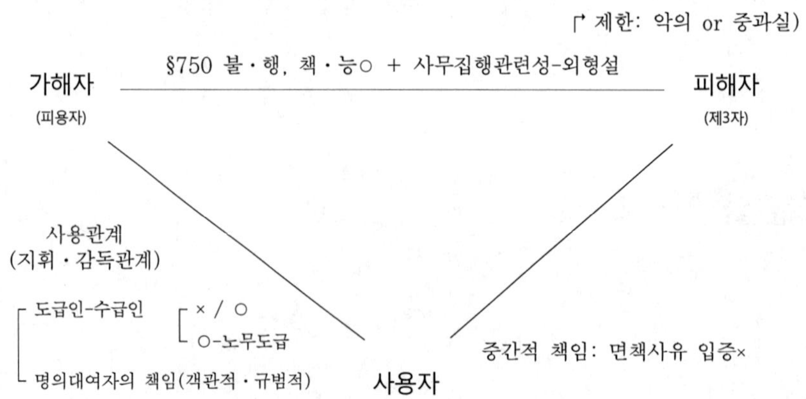

(1) 타인을 사용하여 어느 사무에 종사하게 하였을 것(사용관계)

1) 타인을 사용하여 어느 사무에 종사

사무란 일반적으로 말하는 일

타인을 사용한다는 것은 실질적으로 지휘 · 감독하는 관계 – 고용, 위임, 조합

명의대여의 경우 객관적 · 규범적으로 지휘 · 감독관계

2) 도급인의 경우

도급인의 손·배책임?
- ×(§757 본문)
- ○ - 도급인에게 중대한 과실○(§757 단서)
- ○ - 노무도급의 경우 - 사용자책임○(§756)

3) 명의대여자의 책임

명의를 빌린 자의 피용자의 가해행위에 대하여도 사용자책임○

이른바 차량지입제의 경우

(2) 피용자가 「그 사무집행에 관하여」 손해를 가했을 것

이른바 판례의 외형이론 - 제한 : 악의 또는 중과실

피용자가 사리를 꾀하기 위하여 권한을 남용한 경우이거나 구체적인 명령 또는 위임에 따르지 않은 경우도 사무집행행위○

(3) 「제3자」에게 손해를 가했을 것

사용자와 가해행위를 한 피용자 이외의 자

(4) 피용자의 가해행위가 불법행위의 요건을 갖출 것

대위책임설 입장에서 불법행위의 성립요건을 갖추어야 함(㊫)

(5) 사용자가 면책사유 있음을 입증하지 못할 것

사용자는 피용자의 선임 및 그 사무감독에 상당한 주의를 한 때 또는 상당한 주의를 하여도 손해가 있을 경우에는 사용자책임을 지지 않는다.

입증은 사용자가 하여야 하나, 실무상 면책을 인정한 예가 극히 적음

3. 배상책임

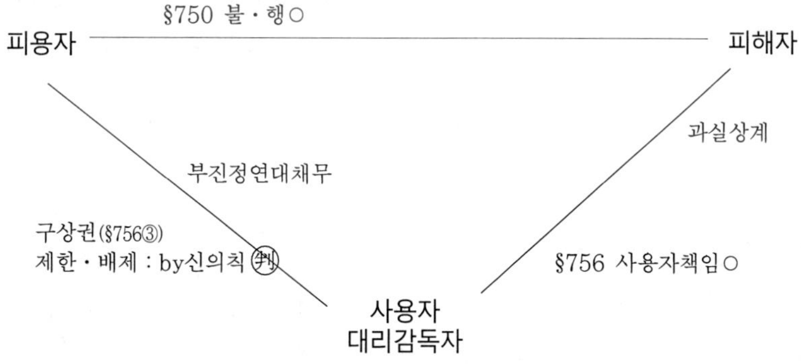

(1) 배상책임자

사용자와 대리감독자

대리감독자가 책임을 진다고 하여 사용자가 면책되는 것은 아니다.

과실상계

(2) 피용자 자신의 책임

피용자는 제750조에 의한 불법행위책임

사용자와 부진정연대채무

※ 일부변제의 경우 절대적 효력에 관한 판례
(대판 2004.3.26. 2003다34045 - 안분설)

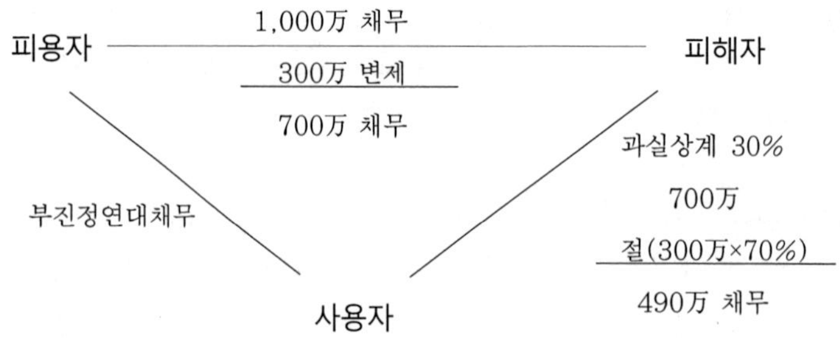

(3) 피용자 또는 대리감독자에 대한 구상권

판례는 신의칙에 의한 제한·배제 인정

Ⅳ. 공작물 등의 점유자·소유자의 책임★★(2차)

1. 서 설

(1) 의의 및 성질

공작물→하자→손해발생→주의해태(면책사유가 없을 것) ┌ 공작물점유자책임 - 중간적책임
└ 공작물소유자책임 - 무과실책임

(2) 근 거

위험책임의 원리

(3) 영조물 하자의 경우(국가배상법 제5조)

2. 공작물책임의 요건

(1) 공작물

(2) 설치 · 보존의 하자

피해자에게 입증책임이 있는데, 판례는 때에 따라서는 하자의 존재를 추정한다.

(3) 공작물의 하자로 인하여 손해가 발생하였을 것(인과관계)

(4) 면책사유가 없을 것

- 점유자가 입증(중간적 책임)
- 소유자는 면책×(무과실책임)

3. 배상책임자

(1) 공작물의 점유자 · 소유자의 책임

- 제1차적 점유자 (중간적 책임)
  - 직접점유자 → 간접점유자
  - 직접점유자가 피해자 - 소유자 책임○, 피해자의 과실상계○
- 제2차적 소유자(무과실책임)

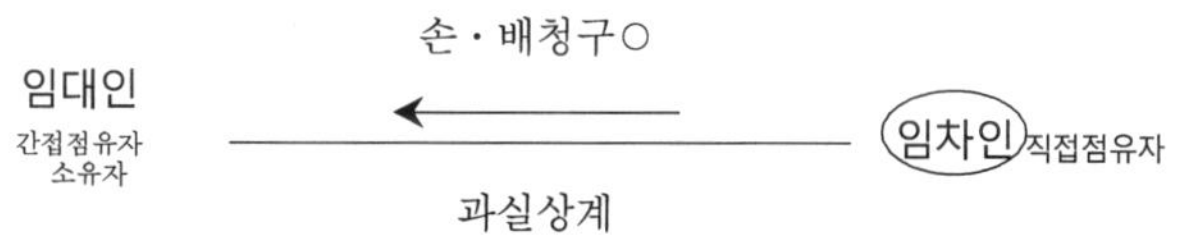

집의하자 → 가스 → 손해의 발생

(2) 공작물의 점유자 · 소유자의 구상권

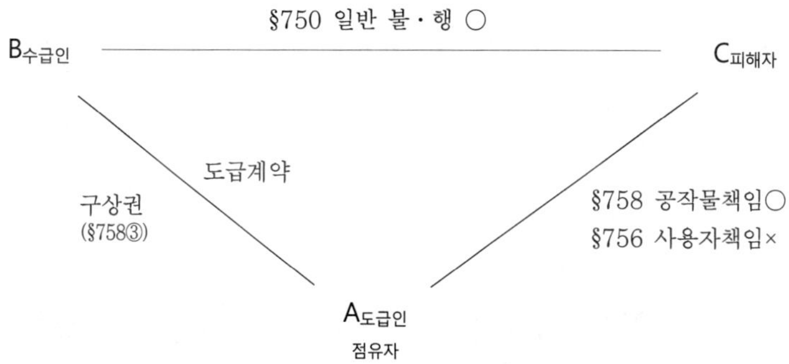

4. 수목에 관한 책임

Ⅴ. 동물점유자의 책임

(1) 의의 · 성질

§759 동물 점유자의 책임: 중간적 책임

(2) 요 건

(3) 배상책임자

Ⅵ. 공동불법행위★★★(2차)

1. 의의 및 성질

(1) 의 의

§760 공동불법행위	vs	형법
§760①협의의 공동불법행위		형§30 공동정범
§760②가해자 불명의 공동불법행위(복수행위)		형§19 독립행위의 경합
§760③교사 · 방조의 경우		형§31 · §32 교사, 방조

(2) 성 질

§760 '연대하여 배상할 책임이 있다'??

2. 공동불법행위의 모습과 요건

(1) 협의의 공동불법행위(§760①)

1) 각자의 행위에 관한 요건

각자의 행위가 불법행위의 요건? ㊕ ○

- 행위의 독립성 ○
- 고의 · 과실 ○
- 책임능력 ○
- 인과관계 : 각자의 행위와 손해 사이 ×

ex) 각 피용자의 공동과실로 제3자에게 손해를 가한 경우에는 각 사용자는 공동불법행위자가 되고, 각 피용자의 과실의 정도에 따라 부담부분이 정해짐 ㊕

2) 행위의 관련 · 공동성

- 객관적 공동설 ㊇ · ㊕
- 주관적 공동설

(2) 가해자 불명의 공동불법행위(§760②)

우연히 여러 사람이 돌을 던져 피해자가 그 중 하나의 돌에 다친 경우, 다수의 의사 중 누구의 과실에 의하여 의료사고가 발생한 것인지 분명하지 않은 경우(대판 2004다52576)
입증책임의 전환(면책 인정됨)

(3) 교사 · 방조의 경우(§760③)

교사자나 방조자는 공동행위자로 본다.
작위 · 부작위, 과실에 의한 방조○

3. 공동불법행위자의 책임

(1) 책임의 연대성

(多) · (判), 부진정연대채무
- 절대적효력
  - 변 · 대 · 공 · 상 ○
  - 기타 ×
- 구상권○ - by 과실비율

(少)((송)), 연대채무
- 절대적효력
  - ○
  - (§416~§422)×
- 구상권 ○

(2) 배상의 범위

판례는 과실상계에 관하여 공동불법행위자 각인에 대한 과실로 개별적으로 평가할 것이 아니고 그들 전원에 대한 과실로 전체적으로 평가

(3) 구상관계

내부관계에서는 일정한 부담부분이 있고, 이 부담부분은 공동불법행위자의 과실의 정도에 따라 정해진다.
제426조? ×(判)

Ⅶ. 자동차운행자의 책임★(2차)

1. 의의 및 성질

자배법 제3조 - 자동차 운행으로 인한 인적사고 → 자동차운행자의 배상책임을 강화 + 강제적 책임보험제도로 일정 범위까지 배상을 보장
자배법 제3조는 자동차운행자에게 가중된 무과실의 입증책임 → 사실상 무과실책임

2. 요 건

자동차 운행자 (운행지배+운행이익) → 운행 중 → 인적 사고 (사망 · 부상) → 면책사유× (운행자의 입증책임)

(1) 자기를 위하여 자동차를 운행하는 자일 것

자동차운행자가 되려면 운행지배와 운행이익의 두 가지를 가지고 있어야 한다.
보유자가 아닌 고용된 운전자는 운행자가 아니며, 소유자나 그 밖의 보유자는 보통은 운행자일 것이지만 운행지배와 운행이익을 상실한 경우에는 운행자가 아니게 된다.

(2) 자동차의 운행에 의할 것

자동차를 그 용법에 따라 사용 또는 관리하는 것

(3) 다른 사람을 사망하게 하거나 부상하게 할 것

(4) 면책사유가 없을 것

3. 민법 등과의 관계

- 운전자 ⇒ §750 손·배
- 운행자
  - 자·배·법 - 인적 손해
  - 민법○ §756
    - 책임한도액 초과
    - 물적 손해

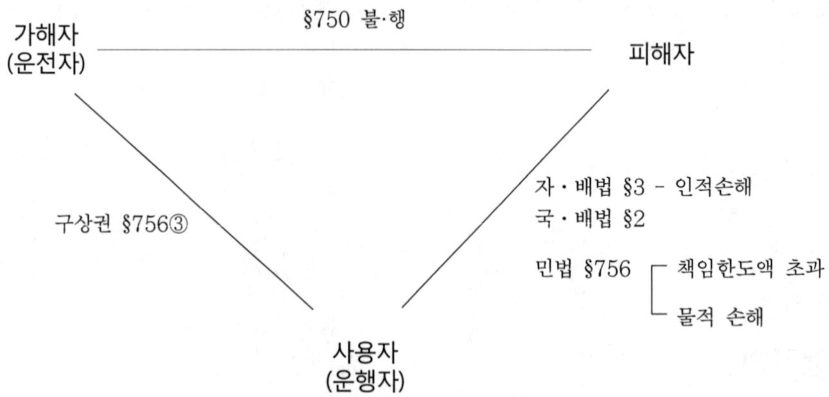

〈호의동승 문제〉

손배액 감액?
- 호의동승이라는 이유로 감액×
- ㉿ 신의법칙·형평의 원칙상 감액○
  - 과실상계○

Ⅷ. 생활방해(공해)에 대한 책임★

(1) 서 설

※ 생활방해 ex) 일조권침해, 조망권침해, 환경오염, 소음

A피해자 ———————————————— B방해자

↳ ┌ 예방청구 ┌ §217 생활방해금지청구
　　│　　　　　└ §214 소유물방해제거, 예방청구
　　└ §750 불·행 - 손·배 ○ →

[고의·과실], 책임능력
환경정책기본법: 무과실책임

[위법성], 손해의 발생
(수인한도론)

[인과관계]
↳입증책임의 완화: 신개연성설

신개연성설 判例) 피해자에게 사실적 인과관계의 존재에 관한 엄밀한 과학적 증명을 요구함은 공해의 사법적 구제의 사실상 거부가 될 우려가 있는 반면에 가해기업은 기술적 경제적으로 피해자보다 원인조사가 훨씬 용이할 뿐 아니라 그 원인을 은폐할 염려가 있어, 가해기업이 배출한 어떤 유해한 원인물질이 피해물건에 도달하여 손해가 발생하였다면 가해자측에서 그 무해함을 입증하지 못하는 한 책임을 면할 수 없다고 봄이 사회형평의 관념에 적합하다 (대판 81다558).

(2) 요건상의 문제

1) 고의 · 과실

2) 위법성

3) 인과관계(사실적 인과관계)

(3) 공동불법행위와의 관계

(4) 생활방해의 방지청구

Ⅸ. 제조물책임★★(2차)

(1) 서 설

※ 제조물책임

제조물 ———— 결함 ———— 확대손해 ——→ ┌ 제조업자: 무과실책임○
　　　　　　　↓　　　　　　　　　　　　　　└ 제조물공급자
　　　제, 설, 표시 기타

ex)

TV매매

S전자 ———— A대리점 ———————————— B고객

TV하자 (폭발) → 확대손해

- 계약책임 (B→A ○)
  - 담보책임○ ×
  - 불완전급부○ ○
- 불법행위 - 제조물책임× (B→S전자 ○) ○

- 제조물의 결함 + 확대손해 발생 → 제조업자 등의 손해배상책임(제조물책임)
- 제조물 자체에 발생한 손해 → 계약책임(하자담보책임 · 불완전급부책임)

(2) 제조물의 결함

1) 제조물

제조 또는 가공된 동산

2) 결함의 의의

㉨조상 결함 · ㉫계상 결함 · ㉬시상 결함 · ㉮타 통상적으로 기대되는 안전성의 결여

3) 결함의 입증과 인과관계

인과관계의 입증책임의 완화: 신개연성설

(3) 책임의 주체

- 제조업자
- 제조물공급자 - 제조업자를 알 수 없는 경우

※ 2인 이상인 경우 연대책임

(4) 책임의 내용과 면책사유

제조물의 결함으로 인한 확대손해를 입은 자에게 손해배상책임

무과실책임

(5) 민법과의 관계

제조물책임법에 규정된 것을 제외하고 민법의 규정에 의함(동법 8조).

Ⅹ. 의료과오에 대한 책임★(2차)

(1) 서 설

환자 —— 의료과오 (청·경) ┌ 계약책임(불완전급부) └ 불법행위책임 —— 의사

※환자의 입증책임 ┌ 채·불 - 손·배 : 채·불(수단채무) └ 불·행 - 손·배 : 고의·과실

※ 의료과오 - 불법행위
- 특수문제

추·경 고·과, 책·능
↳(업무상과실 - 당시 의료수준)

위법성, 손해 발생
인과관계
- 피해자(환자) 입증

완화 ex)사망사고

(2) 의사의 과실

업무상 과실로서 동일한 업무를 담당하는 자의 주의의무를 기준으로

(3) 과실 및 인과관계의 입증

입증책임의 완화: 신개연성설

(4) 책임의 주체

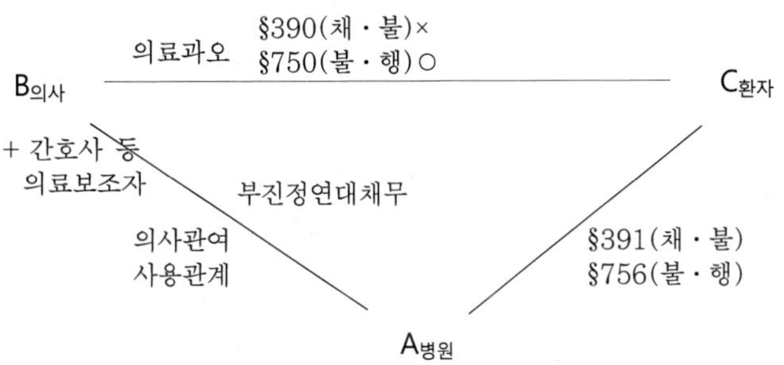

(5) 의사의 설명의무

◦설명의무(승낙○) —위반 - 승낙권의 침해→ 손·배○, 입증책임: 의사

◦설명의무 위반 → 사망 등의 중대한 결과 발생 -

↳ 환자측 입증내용 ┌ 자기결정권의 침해 - 위자료청구 → 의사의 설명 결여 내지 부족 입증
└ 그 결과로 인한 모든 손해 청구 → 중대한 결과와 설명의무 위반 상당인과관계

제4절 불법행위의 효과

Ⅰ. 서 설

(1) 손해배상청구권의 발생

(2) 침해행위의 정지 · 예방청구의 문제

명예훼손 기사

A신문사 ———— B여배우

- 불·행-손·배(§750)
- 침해행위의 정지·예방청구(§214유추)

Ⅱ. 손해배상청구권★★(2차)

1. 손해 및 손해배상의 의의

손해 → 배상

2. 손해배상청구권자★★

(1) 원 칙

가해자 ←손·배— 피해자

손·배 책임자

손 · 배 채권자 ┌ 직접피해자○

태아·법인○ └ 간접피해자 ┌ ×

└ ○ 특별규정 §752

1) 손해배상청구권자 일반

2) 위자료청구권자

제750조

제751조

제752조

3) 일 반

자연인 · 법인 · 권리능력 없는 사단 · 재단

태아 - 판례는 정지조건설

(2) 특수한 경우

1) 생명침해의 경우

타인을 사망하게 하는 불법행위

가해자 —〈즉사의 경우〉(多)— 피해자
- 일실이익
- 위자료

피해자 → 상속 → 가족 (가해자 — 가족)

가족
- 직계존·비속, 배우자
  - 부양청구권
  - 장례비
  - 위자료(§752) - 사실상 관계 (判) ○
- 형제 등((判): 시어머니, 며느리) - 위자료(§750·§751)

<생명침해·즉사 중심으로>

	재산적 손해	비재산적 손해(위자료)
피살자	일실이익: (통)·(判) ○, (송) × (중상사망시○) 치료비 - 중상 사망의 경우	(통)·(判) ○ (송)×(중상사망의 경우○)
유족	부양청구권 장례비(장례비부담의무자)	§752○(사실상관계. (判)○)
기타 가족		피살자의 시어머니·며느리? (통)·(判) ○ -§750·§751, (송) ×

2) 신체침해의 경우

가해자 —〈신체침해〉— 피해자
- 일실이익
- 치료비, 개호비
- 위자료

가족(근친자) (가해자 — 가족, 피해자 — 가족)
- 치료비, 개호비(경우에 따라)
- 위자료((通),(判) ○, (송)×) - 부모, 배우자

<신체침해의 경우>

	재산적 손해	비재산적 손해
피해자	일실이익 치료비, 개호비	○
근친자	치료비, 개호비(경우에 따라)	피해자의 부모・배우자・형제자매・동생・유아인자녀・태아인자녀: ㊜・㉫ ○－§750・§751, ㉰×

3. 손해배상청구권의 성질

(1) 상계의 금지

제496조

(2) 양도성

제449조

(3) 상속성

제1005조

4. 손해배상자의 대위

제763조・제399조

5. 손해배상청구권의 소멸시효

(1) 서 설

§766①②, 모두 소멸시효기간(㉫)

(2) 3년의 시효기간의 기산점

피해자나 그 법정대리인이 손해 및 가해자를 안 날로부터 기산

손해 및 가해자는 현실적이고 구체적으로 인식

계속적 불법행위의 경우 그 각 손해를 안 때로부터 별개로 소멸시효 진행

피해자 등에게 정신적 능력이 없다면 손해 및 가해자를 알았다고 할 수 없으므로 시효는 진행하지 않는다.

(3) 10년의 시효기간의 기산점

불법행위를 한 날로부터 진행

가해행위가 있었던 날이 아니고 현실적으로 손해의 결과가 발생한 날

Ⅲ. 손해배상의 방법★

- 손해배상의 방법 - §763, §393
  - 금전배상
  - 원상회복§764(명예훼손-명예회복 적당한 처분)
- 손해배상의 범위 - §750 / §763, §393
  - 직접손해(㊕)
  - 통상손해/특별손해(㊤)
- 손해배상의 특수문제 (배상액의 조정)
  - 손익상계
  - 과실상계
  - 배상액의경감§765(고의,중과실×)경과실○+배상자의 생계에 중대한 영향→감액청구, 법원, 감액○ ※실화책임법에 의한 감액

1. 금전배상의 원칙

2. 원상회복

명예훼손(§764)
명예회복에 적당한 처분
- 손해배상에 갈음
- 손해배상과 함께

Ⅳ. 손해배상의 범위와 금액★★

1. 손해배상의 범위

- §390 · §393
- §750 · §763 · §393

2. 손해액의 산정의 기준

(1) 일반적 기준시기

(2) 지연이자의 발생시기

손해가 발생한 때 즉 불법행위가 있었던 때부터 지연이자를 붙임(㊤·㊕)
소장이 채무자에게 송달된 날의 다음 날부터는 연 2할의 지연이자(소촉법 제3조 1항)

3. 재산적 손해의 산정

(1) 소유물의 멸실 · 훼손

소유물 멸실 - 원칙적으로 불법행위 당시 즉 멸실 당시 교환가격이 통상손해
소유물 훼손 - 수선이 가능한 때에는 그 수선비와 수선기간 중 통상의 방법으로 사용하지 못함으로 인한 손해가 통상의 손해, 수선이 불가능한 때에는 그 훼손 당시의 교환가치가 통상의 손해

(2) 부동산의 불법점유

그 부동산의 임료상당액

(3) 변호사비용

원칙적으로 배상×

불법행위자의 부당한 항쟁에 대하여 피해자가 소송을 제기하는 경우 배상○

(4) 생명침해

1) 일실이익

Hoffmann식(단리계산방식)·Leibniz식(복리계산식)

국가배상법은 과거에는 라이프니쯔식에 의하였으나 현재는 호프만식에 의함

2) 장례비

청구권자는 장례비 부담의무자

3) 치료비

부양의무자

(5) 신체침해

1) 치료비 · 개호비

피해자와 부양의무자(부진정연대채권)

2) 일실이익

4. 정신적 손해의 산정

사실심이 제반사정을 참작하여 직권으로 위자료액을 결정

5. 손익상계

6. 과실상계

7. 배상액의 경감

배상의무자는 그 손해가 고의 또는 중대한 과실에 의한 것이 아니고 또 그 배상으로 인하여 생계에 중대한 영향을 미치게 될 경우에는 법원에 배상액의 경감을 청구할 수 있고(제765조 1항), 법원은 배상액을 경감할 수 있다(제765조 2항).

실화책임법은 민법 제765조의 특례를 정하여 실화자에게 중대한 과실이 없는 경우 연소로 인한 부분에 대한 손해배상을 함에 있어서 배상자는 법원에 손해배상액의 경감을 청구할 수 있다.

저자 강 양 원

약 력

- 한국외국어대학교 법학과 졸업
- 외대 · 방송통신대 등 대학특강 강사
- 현대 · 기아자동차 노사전문가과정 민법 교수
- 現 삼성전자 · 전기 노사전문가과정 민법 교수
- 現 롯데그룹 인재개발원 민법 교수
- 現 SKT 민법 교수
- 現 고시계 민법 기획위원
- 現 한림법학원 민법 전임(사법시험, 변호사시험)

편저서

- New Ace 민법(2004년, 네오시스)
- 원-스톱 판례민법(2006년, 법학사)
- 민법 시험장노트(2007년, 법학사)
- 사시 1차 기출문제집(2007년, 고시계사)
- 사시 진도별 모의고사(2008년, 고시계사)
- 사시 신민법정리(2009년, 법학사)
- 변호사시험 통합 민법강의(상·하)(2012년, Helios Media)
- 최근 10년간 사법시험·변호사시험 선택형 진도별 기출해설 민법(2012년, 법학사)
- 2010년 〔상 · 하반기〕 민법판례(2011년, 법학사)
- 공인노무사 민법(2011년, 법학사)
- 공인노무사 핵심정리 민법(2009년, 법학사)
- 공인노무사 객관식 민법(2011년, 법학사)
- 공인노무사 민법 기출지문중심 OX 핵심체크(2012년, 법학사)
- 공인노무사 민법 시험장노트(2012년, 법학사)
- 공인노무사 민법 진도별 모의고사(2012년, 법학사)
- 최근 5년간 공인노무사 제1차 기출문제해설집(공편저, 2011년, 법학사)
- 신민법강의 도해노트【민법총칙편】(2011년, 법학사)
- 신민법강의 도해노트【물권법편】(2012년, 법학사)
- 신민법강의 도해노트【채권법편】(2012년, 법학사)
- 공인노무사 법전(ebook 대표집필, 2012, 박영사)

신민법강의 도해노트

[2012년판]【채권법편】

2010년 7월 22일 초 판 발행
2011년 5월 6일 제2판 발행
2012년 6월 12일 제3판(2012년판) 발행

저자와의 협의에 의하여 인지첩부를 생략합니다.

저 자 : 강 양 원
발행인 : 이 재 철
등 록 : 1994.7.26. 제15-199호
발행처 : 法學社
주 소 : 서울시 관악구 신림2동 116-2 201호
전 화 : (02) 876-9977
팩 스 : (02) 876-9960

ISBN 978-89-6289-357-1 93360

정 가 : 16,000 원